Politikberatung für Marktwirtschaft in Transformationsstaaten: Grundlagen, Visionen und Anwendungen

Policy Advice on the Social Market Economy for Transformation Economies: Principles, Vision, and Applications

Schriften zur Wirtschaftstheorie und Wirtschaftspolitik

Herausgegeben von
Klaus Beckmann, Michael Berlemann, Rolf Hasse,
Jörn Kruse, Franco Reither, Wolf Schäfer,
Thomas Straubhaar und Klaus W. Zimmermann

Band 43

PETER LANG
Frankfurt am Main · Berlin · Bern · Bruxelles · New York · Oxford · Wien

Klaus Beckmann / Christian Müller / Katrin Röpke
(Hrsg./eds.)

Politikberatung für Marktwirtschaft in Transformationsstaaten: Grundlagen, Visionen und Anwendungen

Policy Advice on the Social Market Economy for Transformation Economies: Principles, Vision, and Applications

PETER LANG
Internationaler Verlag der Wissenschaften

Bibliografische Information der Deutschen Nationalbibliothek
Die Deutsche Nationalbibliothek verzeichnet diese Publikation in der Deutschen Nationalbibliografie; detaillierte bibliografische Daten sind im Internet über http://dnb.d-nb.de abrufbar.

Gedruckt auf alterungsbeständigem, säurefreiem Papier.

ISSN 1433-1519
ISBN 978-3-631-60495-3

www.peterlang.de

Inhaltsverzeichnis

Vorwort

The ideas of economists and political philosophers,
both when they are right and when they are wrong,
are more powerful than is commonly understood.
Indeed, the world is ruled by little else.
Practical men, who believe themselves to be
quite exempt from any intellectual influence,
are usually the slaves of some defunct economist.
- John Maynard Keynes

Lord Keynes' famous dictum may sound a bit hollow in the face of growing skepticism regarding the relevance of modern economics and, in particular, mounting criticism of "autistic" neo-classical economics. It is reassuring, then, when a prominent example appears to show that theory can still be ahead of politics.

The European Commission's Danube Strategy is one such case in point. It is certainly rather late in the making, given fairly obvious conclusions from regional economics, agglomeration economics, and the theory of policy all hinting at the potential of this particular region. Centripetal externalities drive agglomeration, which is likely to cluster where low transport costs, suitable institutions and cultural commonalities support it. The Kárpát Medence – at least the Western parts of it – and the borders of the Baltic are alike in that they exhibit these conditions to an extraordinary degree.

To be fair, political forces have not been entirely unreceptive of these facts in past. Among a large number of initiatives, the founding of Andrássy University in 2002 stands out. This German-speaking Hungarian institution has been predicated on the general idea outlined above from the first. The Republics of Hungary and Austria, the Helvetic Confederation as well as several German States adjacent to the Danube convened to found this project to further just the potential of agglomeration outlined above. And while they were at it, they duly figured that given past cultural links, this particular cluster might as well be German-speaking.

The articles assembled in this book share a common outlook based on the simple tenet of agglomeration economics cited above and a willingness to go beyond neoclassical economics in explaining political and economic outcomes. Their authors as well as the editors, on the other hand, share common links to Andrássy University. Some of us held significant posts at this University, some are still involved with its present business, and all of us contributed to at least one of AU's seminars in the past.

So why is this introduction, as well as some of the papers to follow, written in English? The answer is simply that in promulgating its conceptive idea, the proponents of Andrássy University found that a number of neighbours to the Kárpát Medence were also interested in the idea of reinforcing economic growth in the region, and in the European cooperation that is a precondition of it. In the years 2005 and 2006, a couple of seminars ensued, held at Andrássy University as well as at the Leucorea in Wittenberg, Germany, with a common theme of how the principles of the Social Market Economy (SME) might be applied to further growth in South-East Europe. In a nutshell, the question is how, why, and in which guise the precepts of SME can serve as the principles of "sound institutions", which we have previously identified as one of two determinants of where sustained agglomeration may take place. Our collective answer to this question is presented in this book. And we frankly do not care that parts of it are presented in English, while the bulk is still in German.

The articles in this book fall into three broad categories: the normative foundations of, (alternative) visions for, and the application of policy advice. They are accordingly grouped into three parts. All these papers, however, share a topical focus on Social Market Economy and a regional focus on South-East Europe.

The first part is mainly concerned with the foundations of giving political advice based on SME precepts within a constitutional economics framework. Ulrike Schenk opens this discussion with a contribution to the history of economic thought, comparing two versions of (economic) liberalism, the German version of *Ordnungstheorie* and, by extension, SME on the one hand and Hayek's vision on the other. By going *ad fontes* and neglecting the mixed approaches typical of modern constitutional economics, Schenk exposes the fundamental difference between the two, which helps better to explain a series of issues in the application of these theories to the re-structuring of current economic systems. Next is a short essay by Michael Bolle juxtaposing the economist's and the politician's problems in formulating, and in accepting, policy advice. Bolle concludes that one can think of the economist's problem as a constraint on the maximisation of power by the politician. The final paper in the first part of the book, by Stefan Okruch, again looks at the theoretical and historical foundations of *Ordnungstheorie*. This time, however, it is the sociological roots, and the important sociological component, of the original German conception of SME. Okruch draws much of his sociology from Durkheim, and goes on to compare this approach to Hayek, with similar results to Schenk's contribution.

The second part of this book moves on to address particular modelling frameworks for political economy. We chose to put Ingo Pies' paper first in this section as he also draws upon a look at the history of economic thought to develop his own approach, known as orthogonal positioning or, more generally, as

Ordonomik. This normative theory extends Buchanan's well-known two-tiered analysis of decisions within rules and decisions about rules by adding a third, semantic layer. The idea is to re-cast all political conflict as PD-type games semantically, pointing out the gains from co-operation on the first (action) level, thereby easing the rule-finding process at the second level. In the second paper, Ellen Bos addresses the role of "think tanks", or semi-private consulting organisations, in formulating policy. Various problems related to a possible privatisation of policy-making emerge, and prominent examples from German politics – for example the vaunted Hartz Commission – are discussed. Christian Müller takes another venerable idea from constitutional economics, viz. John Rawls' conception of "primary goods", and explores how this can be used for applied research as well as for policy advice. Müller also provides some welcome background on the epistemological issues involved when using access to primary goods for measuring the quality of life.

Finally, the third part of the book takes the theory to the field. Our authors draw on considerable experience in policymaking in their respective South-East European countries – Albania and Hungary are represented in this book – to formulate both a policy outlook for South-East Europe and conclusions for policy advice. Pétér Ákos Bod begins by looking at the implementation of SME in Hungary. In so doing, he goes back to the original formulation of the concept and its contemporaneous impact on the Hungarian literature, then continues to follow the thread of its implementation after the demise of the communist regime. Bod also discusses some remaining problems and potential – as well as likely – solutions. Dhori Kule, Sulo Haderi, and Shkelqim Cani present the first of our two papers on Albanian issues, discussing the problems of the financial sector in this country and how it might be reformed. For economists unacquainted with the history of the region, their discussion of the failed pyramid schemes of the 90s will have particularly interest. In the final paper, Vasilika Kume and Tonin Kola take up the issue of a possible future integration of Albania into the EU, listing the country's strengths and weaknesses as well as pointing out avenues for reform.

In his usual flippant vein, P. G. Wodehouse once quipped that "I always used to think that publishers had to be devilish intelligent fellows, loaded down with the grey matter; but I've got their number now. All a publisher has to do is to write cheques at intervals, while a lot of deserving and industrious chappies rally round and do the real work. I know, because I've been one myself." The decent thing to do when publishing, then, is to thank the deserving chappies – particularly in academia, where the deserving chappies also get to write the cheques.

First of all, we gratefully acknowledge the financial support of *Konrad Adenauer Stiftung* for the seminars on which this book is based. We also thank *Andrássy University*, Budapest, and *Martin Luther Universität*, Halle-Wittenberg, for hosting these events. Svjetlana Pejic-Pulkowski did all the copy editing, formatting and proofreading chores – frankly, this book would not have been possible without her. We also thank the publishers, Peter Lang GmbH, and our authors for the enormous patience they exhibited while we were assembling, and revising, the various parts of this volume.

Hamburg, 2010-06-30

Katrin Röpke
Christian Müller
Klaus Beckmann

Eine kritische Betrachtung ordnungspolitischer Ansätze

Ulrike Schenk

1. Einführung

Interventionistische Maßnahmen sind bis heute ein gängiges wirtschaftspolitisches Instrumentarium, um die Funktionstätigkeit von Märkten zu stabilisieren. Die aktive Teilnahme des Staates am Marktgeschehen findet auf den verschiedensten Ebenen statt. Neben den monetären und den realen Bereichen umfassen diese auch die nationale und internationale Sphäre. Dies zeigen unter anderem die durch Subventionen herbeigeführten Preis-Dumpings europäischer und amerikanischer Agrarprodukte auf den Agrarmärkten oder die massiven Geldzuflüsse von Notenbanken wie der EZB, der Fed und der Bank of England auf die Geldmärkte während des Ausbruchs der Kreditkrise, um die durch die US-Hypothekenkrise herbeigeführten Instabilitäten auf den Finanzmärkten einzuschränken und die sich hieraus ergebenden konjunkturellen Abschwünge zu verhindern.

Konfrontiert mit einer dem liberalen ökonomischen Denken widersprechenden interventionsfreudigen wirtschaftspolitischen Realität, stellen Vertreter liberal-ökonomischer Ansätze die Frage nach dem Verhältnis von ökonomischer Theorie und wirtschaftspolitischer Praxis neu. Über einen ordnungsadäquaten institutionellen Rahmen (Normen- und Regelrahmen) sehen Ordnungstheoretiker unterschiedlichster Provenienz eine effizientere Funktionsweise und eine höhere Stabilität preiskoordinierter Systeme gegeben. Die vor allem im deutschen Sprachraum vertretenen ordnungstheoretischen Ansätze stehen im Kontext eines neuen theoretischen Paradigmas, das sich vom walrasianischen dadurch abgrenzt, dass die Funktionsweise von Märkten nunmehr aus dem Zusammenspiel von Preisen und institutionellen Arrangements erklärt wird. Die Ansätze, die diesem Paradigma zuzurechnen sind, sind mannigfaltig. Neben den genannten ordnungstheoretischen Ansätzen Eucken'scher und Hayek'scher Prägung sind hier der transaktionskostentheoretische Ansatz, der informationstheoretische Ansatz, die Neue Politische Ökonomie, Austrian Economics, Evolutionary Economics und Constitutional Economics zu nennen (Vanberg 2007, S. 2). Im Unterschied zu den anderen post-walrasianischen Ansätzen sind die ordnungstheoretischen Ansätze primär auf wirtschaftspolitische Fragestellungen ausgerichtet und knüpfen an Erfahrungen an, die zu Beginn des 20. Jahrhunderts mit einer von Monopolen beherrschten Marktrealität gemacht wurden. Die auf Partikularinteressen und punktuelle Ereignisse ausgerichteten interventionistischen Maßnahmen sollen durch eine ordnungspolitische Alternative ersetzt werden (Schmidtchen 2002, S. 9). Die Ordnungstheoretiker erheben damit den Anspruch, ein besseres wirtschaftspolitisches Konzept zu haben, um Wettbewerbsordnungen zu stabilisieren. Im folgenden Artikel soll untersucht werden, inwieweit es Ordnungstheoretikern unterschiedlichster Prominenz theoretisch gelungen ist, ihren Anspruch umzusetzen. Dabei soll auf die unterschiedlichen Richtungen ordnungstheoretischen Denkens detaillierter eingegangen und gezeigt werden, inwieweit man diesem Anspruch auch gerecht wurde. So verschieden die Lösungsansätze zur ordnungspolitischen Problematik bei Hayek und Eucken auch sind, beide sehen den ordnungsadäquaten Regel- und Normenrahmen als strukturelle Voraussetzung für ein stabiles, sich selbst organisierendes Marktsystem. Nicht nur der Einfluss, den die wettbewerbskoordinierten Systeme auf die Entstehung von Institutionen haben, muss analysiert werden, es stellt sich auch die generelle Frage nach Entstehung und Funktion von Handlungsregeln und Handlungsnormen. Nachfolgend soll auf die theoretischen Ansätze von Hayek und Eucken eingegangen und damit gezeigt werden, dass beide Strömungen zwar von einer Regel- und Normensteuerung wettbewerbskoordinierter Systeme ausgehen, sie diese in ihren theoretischen Ansätzen aber auf unterschiedliche Weise legitimieren. Während Hayek die Normen- und Regelbildung aus gerechtigkeitstheoretischen Betrachtungen ableitet und hierüber auf eine optimale Funktionstätigkeit von wettbewerbskoordinierten Systemen schließt, stützen sich Theoretiker ordoliberaler Prägung auf das tradierte allokationstheoretische Modell und plädieren auf dessen Grundlage für die politische Setzung eines ordnungsadäquaten Regel- und Normenrahmens. Während im letzteren Fall eine Lösung des Ordnungsproblems über das Konstrukt des vollkommenen Wettbewerbs erreicht werden soll, sind es im ersteren Fall gerechtigkeitstheoretische Vorstellungen.

Zur Kritik am klassischen ökonomischen Liberalismus

Der ökonomische Liberalismus ist in Auseinandersetzung mit merkantilen wirtschaftspolitischen Maßnahmen entstanden und sieht das größtmögliche Wohlstandswachstum unter den Bedingungen einer maximalen individuellen Handlungsfreiheit der Marktakteure gegeben. Die Propagandisten der freien Marktwirtschaft berufen sich auf die philosophische Strömung des Liberalismus und legitimieren hierüber Entstehung und Etablierung marktwirtschaftlicher Systeme. Die Wurzeln liberal-ökonomischer Wertevorstellungen liegen in England, wo sich im Unterschied zu den kontinentaleuropäischen Ökonomien schon sehr früh (aufgrund der Seefahrt) eine auf Wettbewerbsbeziehungen koordinierende Gesellschaft entwickelt hatte (Gray 2002, S. 23). Der in England lebende Philosoph und Nationalökonom John Stuart Mill definiert „den wirtschaftlichen Liberalismus im engeren Sinne“ als ein Organisationsprinzip der Gesellschaft, das auf der Institution eines sich selbst regulierenden Prinzips beruht. Sobald sich ein solches System mehr oder weniger etabliert hat, sind, nach Mill, weniger Interventionen eines bestimmten Typs erforderlich (Mill 1974). Geistige Grundlage für den ökonomischen Liberalismus ist die Aufklärung mit ihrer naturrechtlichen, rationalistischen (Vernunft) und individualistischen Denkweise. Analog hierzu wird der freie Wettbewerb als ein Organisationsprinzip gesehen, über das die Interessen der miteinander in Konkurrenz stehenden Individuen ausgeglichen werden. Dieses liberal-ökonomische Prinzip der freien Konkurrenz erfuhr durch Léon Walras eine analytische Wende. Neben dem Realitätsaspekt, auf den Léon Walras in zahlreichen seiner Schriften gerne und oft verwiesen hatte und auf den in der zeitgenössischen Literatur verstärkt fokussiert wird, gelang Léon Walras erstmalig die Konstruktion eines Marktmodells, in dem alle wirtschaftlichen Phänomene untereinander in Wechselbeziehung stehen. Indem die verschiedenen Güter über Preise und Produktionsmengen miteinander verknüpft sind, wurde es möglich, Beziehungszusammenhänge zwischen dem Verhalten der Konsumenten, Unternehmer, Arbeiter, Kapitalisten und Grundbesitzer abzubilden (vgl. Walker 1988, S. 65).

> „Walras nahm deshalb freien Wettbewerb an, weil er ihn für realistisch hielt, aber auch, um seinen Untersuchungsgegenstand zu vereinfachen. Hätte er versucht, in einem Modell Märkte mit hoher und niedriger Wettbewerbsintensität gleichzeitig zu behandeln, wäre es ihm unmöglich erschienen, sein Ziel zu erreichen, nämlich ein Modell für die Gesamtwirtschaft einsichtig zu konstruieren. Sein Untersuchungsgegenstand wäre zu komplex geworden, um es mit Techniken des 19. Jahrhunderts zu analysieren."

Die diesem Modell der vollkommenen Konkurrenz zugrunde liegende Diskrepanz zwischen Realitätsanspruch und methodischem Anspruch hat in der zeitgenössischen Theorie zu zahlreichen Fehlinterpretationen geführt. Diese rekurrieren in ihrer Kritik auf den nicht eingelösten Realitätsanspruch. Sie übersehen die diesem Modell zugrunde liegende analytische Stärke, die darin besteht, auch als Instrumentarium zu dienen, um die Interdependenzbeziehungen einer totalen Konkurrenzökonomie abzubilden. Wesentliche Bedingung für die Konstituierung des freien Wettbewerbs ist die Etablierung privater Eigentumsrechte. Während in den klassischen Theorien das Zusammenspiel von Preisen und institutionellen Arrangements noch thematisiert wurde, sind die neoklassischen Ansätze hierauf nicht eingegangen, worauf die ordnungspolitischen Ansätze in ihrer Kritik zu Recht verweisen.

Ludwig von Mises bemängelt in seinem 1929 veröffentlichten Werk „Kritik des Interventionismus" den, auf dem Konzept des freien Wettbewerbs beruhenden, ökonomischen Liberalismus und setzt anstelle dessen einen auf dem Sondereigentum beruhenden ökonomischen Liberalismus. Den klassischen Liberalismus klassifiziert Mises in dieser Schrift nicht nur als „veralteten Liberalismus" (Mises 1929, S. 2), sondern er sagt auch, es handele sich bei dem Konzept des freien Wettbewerbs lediglich um ein gedankliches Konstrukt, das sich in der

Realität bisher nicht umgesetzt habe und das sich allein auf Normen liberalen Denkens gründe. Abwertend resümiert er über das gedankliche Konstrukt des freien Wettbewerbs, dass es sich hier um ein „nebelhaftes Phantom“ handele (Mises 1929, S. 45), was „auf eine ungenügende Durcharbeitung der Probleme und einer Befangenheit in Schlagwörtern“ zurückzuführen sei (Mises 1929, S. 45). Distanziert steht Ludwig von Mises den wirtschaftspolitischen Vorschlägen seiner Zeitgenossen gegenüber, die auf eine Realisierung dieses idealen Konstrukts in der Marktrealität abzielen. Diese Skepsis begründet er damit, dass über ein staatlich legitimiertes Eingreifen monopolistische Marktergebnisse bewusst zurückgedrängt bzw. gänzlich verboten werden sollen.

> „Teils von diesem Missverstehen, teils von einer durch naturrechtliche Theorien beeinflussten Auslegung des Freiheitsbegriffes ausgehend, hat man versucht, die Entwicklung zum Großbetrieb durch Gesetze und Kartelle aufzuhalten.“ (Mises 1929, S. 4)

Anstelle des Organisationsprinzips der freien Konkurrenz begreift Mises das Wesen des Liberalismus im Sondereigentum an Produktionsmitteln. Nicht nur, dass er sich damit gegen die Theorie des Interventionismus des Freiburger Nationalökonomen Adolph Lampes wandte, nach der eine Kritik am Interventionismus erst dann begründet sei, wenn „gleichzeitig nachgewiesen werden könnte, dass die bestehende Wirtschaftsordnung dem Idealbild der freien Konkurrenz entspricht“ (Lampe 1927, S. 104 f.). Auch stellt er einen dem etablierten liberalen Denken zugrunde liegenden Zusammenhang infrage, nach dem eine auf Sondereigentum an Produktionsmitteln beruhende Wirtschaft mit dem liberalen Konzept der freien Konkurrenz prinzipiell zu vereinbaren sei. Auch wenn hier auf neuere Ansätze nicht detaillierter eingegangen werden soll, so sei in diesem Zusammenhang doch erwähnt, dass in der zeitgenössischen Literatur ein allein auf Privateigentum beruhender liberal-ökonomischer Ansatz von Heinsohn und Steiger vertreten wird (Senf 1999). Interessanterweise trifft Ludwig von Mises, der seine wirtschaftstheoretischen Aussagen aus dem Sondereigentum an Produktionsmitteln ableitet, eine Unterscheidung zwischen (nicht gerechtfertigten) interventionistischen Eingriffen und „gerechtfertigten wirtschaftspolitischen Maßnahmen“ (Mises 1929, S. 4). Den interventionistischen Eingriff definiert Ludwig von Mises als einen „von einer gesellschaftlichen Gewalt ausgehenden Begriff, der die Eigentümer der Produktionsmittel und die Unternehmer zwingt, die Produktionsmittel anders zu verwenden, als sie es sonst tun würden“ (Mises 1929, S. 5). Am Beispiel zu hoher Milchpreise zeigt Ludwig von Mises, dass es sich um eine gerechtfertigte wirtschaftspolitische Maßnahmen handelt, „wenn die Obrigkeit Milch auf den Märkten kauft, um sie billig an arme Mütter zu verkaufen oder gar unentgeltlich anzubieten“ bzw. wenn der Staat „Bildungsanstalten als Zuschussbetriebe führt“ (Mises 1929, S. 5). Während in diesem Fall die Marktakteure, so Ludwig von Mises, trotz staatlicher Einflussnahme weiterhin über die Nutzungsrechte an ihrem Eigentum verfügen, werden ihnen diese im Fall interventionistischen Eingreifens verweigert. In dem hier beschriebenen Beispiel plädiert Mises aufgrund einer zunehmenden Monopolisierung von Marktstrukturen für eine aktive Verteilungspolitik. Dagegen distanziert er sich jedoch von wirtschaftspolitischen Ansätzen, die durch ein interventionistisches Eingreifen seitens des Staates die Eigentumsverhältnisse aufzuheben versuchen. Mit dieser Kritik wandte sich Mises gegen die interventionistische Kritik seines Freiburger Kollegen Adolph Lampe, der die Vorstellung eines „produktiven Interventionismus" vertrat, nach dem alle Wettbewerbshemmnisse zu beseitigen sind, „die die berufliche und örtliche Beweglichkeit der Arbeitskräfte hemmen" (Mises 1929, S. 48). Aus Sicht der Vertreter des wettbewerbsfundierten Liberalismus walrasianischer Prägung und wohl auch Adolph Lampes sind die von Mises diskutierten wirtschaftspolitischen Maßnahmen am Marktgeschehen deshalb zu kritisieren, weil diese neben den Wettbewerbsbeschränkungen auch zu Wettbewerbsverzerrungen führen werden. Letztere werden mit der eingeschränkten Lenkungsfunktion der Marktpreise begründet. Diese Kritik wirft aber eine noch grundsätzlichere Frage auf. So bleiben bei Mises generell die Bedingungen ungeklärt, unter denen monopolistische Strukturen vorliegen. Hieran knüpft sich auch die Frage nach den Kriterien an, unter denen der Staat aktiv in das Marktgeschehen eingreifen muss. Eine Frage, die bei Ludwig von Mises offen bleibt und auch von Steiger und Heinsohn nicht eindeutig geklärt werden konnte.

2. Die Regel- und Normenbildung unter effizienztheoretischen Betrachtungen

Im Unterschied zu den strikt eigentumstheoretischen Ansätzen Ludwig von Mises beziehen sich die Vertreter des ordoliberalen Ansatzes auf den wettbewerbsfundierten Liberalismus und legitimieren die wirtschaftspolitischen Eingriffe auf der Grundlage des walrasianischen vollkommenen Wettbewerbsmodells. Die ökonomische und politische Freiheit erschließt sich in welchem Maße sich das Organisationsprinzip des freien Wettbewerbs in der Marktrealität auch umgesetzt hat. Als wirtschaftspolitisches Ziel deklarieren die ordoliberalen Vertreter eine funktionsfähige und menschenwürdige Wirtschaftsordnung moderner industrialisierter Wirtschaften. Als menschenwürdig gilt eine soziale Ordnung, die den Prinzipien einer freiheitlichen persönlichen und ökonomischen Entwicklung Rechnung trägt. Dieses wirtschaftspolitische Ziel erklärt sich aus den in den 20er Jahren gemachten Erfahrungen, nach denen monopolistische und oligopolistische Strukturen nicht nur zu einer Einschränkung der ökonomischen Freiheit zwischen Konsumenten und Monopolisten, Arbeitgebern und Arbeitnehmern, sondern auch zu einer Einschränkung der persönlichen Freiheitsrechte geführt haben (Eucken 1990).

> „Die Freiheit, welcher der Rechtsstaat garantieren wollte, wurde faktisch durch wirtschaftliche Machtbildung bedroht. Arbeitnehmer wurde von Arbeitgebern, Konsumenten von Monopolisten, Händlern von Konzernen und Kartellen abhängig." (Eucken 1949)

2.1 Das Marktkonzept der vollkommenen Konkurrenz

Dem von den Ordoliberalen propagierten wirtschaftspolitischen Ziel einer gerechten und effizienten Wirtschaftsordnung liegt die Vorstellung zugrunde, dass es eine „allen Bedürfnissen und Interessen gerecht werdende Ideallösung" für das ökonomische Problem gibt (Albert 2001, S. 288). Wenngleich sich der Ordoliberalismus in seiner wirtschaftspolitischen Ausrichtung von den non-institutionellen Vorstellungen der Laisser-faire-Ökonomen des 19. Jahrhunderts unterscheidet, ist seine methodische Affinität zu jenem Ansatz nicht zu übersehen – messen und beurteilen doch Vertreter beider theoretischer Strömungen die Funktionsfähigkeit preiskoordinierter Systeme an dem objektiven Kriterium der walrasianischen Markteffizienz. Die Vertreter ordoliberaler Ansätze erheben explizit die Übereinstimmung von Einzel- und Gesamtinteresse zum Ideal und messen hieran die in der Realität spontan entstandenen Tauschergebnisse – auch wenn wiederholt Kritik daran geübt wurde, dass es über das Modell der vollkommenen Konkurrenz nicht gelungen ist, den sich in der Realität vollziehenden Wirtschaftswandel in seiner Komplexität vollständig zu erfassen, so verfügt es dennoch im Unterschied zu den Mises'schen Betrachtungen über ein eindeutiges Kriterium hinsichtlich der Richtung, in die sich der wirtschaftliche Wandel vollziehen soll. Als ein sich erfolgreich wandelnder ökonomischer Prozess wird derjenige betrachtet, über den es gelingt, einen Zustand zu erreichen, in dem die vorhandenen, knappen Ressourcen effizient auf die verschiedenen Verwendungsmöglichkeiten alloziert werden.

Die Auffassungen zwischen Ordoliberalen und Theoretikern walrasianischer Provenienz differieren jedoch darüber, auf welche Weise dieser Zustand zu realisieren ist. Im Unterschied zu den Vertretern der Laisser-faire-Ökonomie, die den Marktkräften die Fähigkeit zur Selbstorganisation *unterstellen*, propagieren Vertreter ordoliberaler Ansätze, angesichts der im Zuge der Laisser-faire-Politik entstandenen Machtkonzentration von Industrie und Politik (in den 20er Jahren), ein ordnungspolitisches Intervenieren seitens des Staates. Entsprechend dieser wirtschaftspolitischen Vorstellungen, ist die Setzung eines angemessenen Regelwerks und adäquater Vorkehrungen zu dessen Erhaltung die grundlegende Bedingung für die Funktionsfähigkeit von Märkten. Das von den Ordoliberalen präferierte Regel- und Normensystem beruht auf zwei Säulen: Einerseits ist dieses Regelsystem objektiven Charakters, andererseits sind die Regeln gerechten Verhaltens ergebnisorientiert. Objektiv ist das formale Regelsystem deshalb, weil sich die Begründung eines angemessenen Regelwerks nicht allein aus den realen Tauschkonstellationen ergibt, sondern auf der Grundlage eines konstruierten Marktmodells logisch abgeleitet wurde. Im Unterschied zu Hayeks sozialliberal-ökonomischen Betrachtungen, auf die im vierten Kapitel noch detaillierter eingegangen wird, soll die Regel- und Normensetzung auf der Grundlage objektiver Gesetzmäßigkeiten legitimiert werden. Die politischen Entscheidungen zur Setzung eines ordnungsadäquaten Gesetzesrahmens werden neben den Prinzipien, die auf objektiven Erkenntnissen des Wissenschaftlers beruhen, auch von den konkreten historischen Situationen bestimmt. Auch wenn die konkreten Situationen im ordoliberalen Ansatz Berücksichtigung finden und die Entstehung realer Handlungsregeln und Handlungsnormen thematisiert werden, so werden diese doch immer danach beurteilt, inwieweit hierüber der ideale Zustand der vollkommenen Konkurrenz zu erreichen ist. Die Erklärungsreichweite, die der Ordoliberalismus den realen Prozessen zukommen lässt, steht in keiner Relation zu den logischen Erklärungen (Albert 2001, S. 273). Unabhängig von der beschriebenen Diskrepanz zwischen Realität und Modell seien noch weitere Gründe genannt, die eine wirtschaftspolitische Realisierung ordoliberaler Ansätze problematisch machen. Abgesehen davon, inwieweit das walrasianische Modell der vollkommenen Konkurrenz überhaupt als tragfähige Erklärungsgrundlage dienen kann, um die Funktionstätigkeit von Wettbewerbssystemen zu erfassen, stellt sich weiterhin die Frage, inwieweit sich die auf dem Markt agierenden Individuen in ein gesetztes Korsett formaler Regelsysteme einbinden lassen.

Das Regel- und Normensystem entspricht nach Vorstellung der Ordoliberalen dem idealen Zustand dann, wenn es über dieses gelingt, die individuellen Handlungen der am Markt agierenden Individuen zu einer effizienten Marktlösung zusammenzuführen. Dieses ist dem ordoliberalen Ideal entsprechend dann zu erreichen, wenn durch einen politisch gesetzten Regel- und Normenrahmen ein Marktergebnis erzielt wird, in dem die Marktpreise den Grenzkosten entsprechen und keine Gewinne, in Form von Quasi-Renten, mehr erzielt werden. Eine Verknüpfung der gewinnmaximierenden Individuen zu einem effizienten Marktergebnis, wie im allokationstheoretischen Ansatz vorgesehen, ist vor allem deshalb schwierig in der Marktrealität umzusetzen, weil die Marktakteure sich nur dann ergebniskonform verhalten, wenn sie keine Quasi-Renten erwirtschaften. Eine Verhaltensannahme, die im Widerspruch zur marktwirtschaftlichen Realität steht, denn das Handlungsmotiv der Einkommenserzielung zwingt die Marktakteure, sich von ihren Konkurrenten zu unterscheiden und motiviert sie, ein zusätzliches Einkommen, in Form von Quasi-Renten, zu erwirtschaften. Das Motiv der Einkommensgenerierung übt auf die handelnden Marktakteure einen massiven Druck aus und zwingt diese, sich beispielsweise in ihrem Produkt- oder Prozesssortiment von den anderen Marktteilnehmern zu unterscheiden. In diesem Fall gelingt es den Marktakteuren, sich durch ein innovatives Verhalten von den anderen abzuheben. Neben dem innovativen Verhalten sei auf das von Williamson verwiesene opportunistische Verhalten eingegangen, das sich darauf gründet, dass die Marktakteure falsche oder unvollständige Informationen weitergeben, um hierüber zusätzliches Einkommen zu erzielen (Williamson 1990).

2.2 Der politische Willensbildungsprozess

Die über den politischen Willensbildungsprozess gesetzten Ziele finden durch einen Regel- und Normenrahmen sowie durch entsprechende *Vorkehrungen* zu dessen Einhaltung ihre marktadäquate Lösung. Indem durch die Politik ein marktadäquater Regel- und Normenrahmen gesetzt wird, soll, nach Auffassung der Ordoliberalen, ein kurzfristiges Marktintervenieren vermieden werden. Noch vor der nationalsozialistischen Machtergreifung beschrieb Hermann Heller den ordoliberalen Ansatz als „autoritären" Liberalismus (Heller 1933). Höhepunkt dieses autoritären Liberalismus war wohl die von dem Ordoliberalen Alexander Rüstow erhobene wirtschaftspolitische Forderung, über eine Wirtschaftspolizei „den Zusammenfall von Einzel- und Gesamtinteresse" sicherzustellen.

> „Zusammenfall von Einzelinteresse und Gesamtinteresse gilt nur für einen ganz bestimmten Marktbereich, den der vollständigen Konkurrenz, und er tritt nur ein, wenn und solange der Staat als Inhaber der Marktpolizei die strenge Einhaltung dieses Bereiches durch die private Wirtschaft sicherstellt." (Rüstow 1950, S. 26)

Das wirtschaftspolitische Konzept der Ordoliberalen beruht auf einem dezisionistischen Entscheidungsmodell. Die Politik tritt als autonome Entscheiderin auf und setzt Ziele, die mit den Präferenzen der am Markt operierenden Individuen nicht in Übereinstimmung zu bringen sind. Unabhängig davon, dass das von den Ordoliberalen geforderte Ziel-Mittel-Denken für eine geschlossene Marktgesellschaft, nicht aber für eine offene Marktgesellschaft zutrifft (Riese 2002, S. 22), sei hier auch noch auf einige Aspekte verwiesen, die sich bei der Umsetzung eines wettbewerbskonformen Regel- und Normensystems ergeben.

Wenngleich die normative Grundlage dem Politiker eine gewisse Sicherheit hinsichtlich der Steuerbarkeit ökonomischer Systeme gibt, bedarf es bei der politischen Umsetzung dieses ordnungsadäquaten Regel- und Normensystems einer hohen Kontrolltätigkeit. Diese begründet sich unter anderem daraus, dass die Politiker aufgrund sich verändernder Wettbewerbskonstellationen zu ständigen Veränderungen des Regelsystems und ständigen Anpassungen der Kontrollmechanismen gezwungen werden. Neben der Kritik an einer hiermit verbundenen erhöhten Kontrolltätigkeit staatlicher Instanzen sei noch auf ein weiteres Moment verwiesen, da es Aufschluss über den von den liberalen Theoretikern beschriebenen politischen Prozess gibt. Die Ordoliberalen sehen eine Auflösung der in der Realität auftretenden Interessenkonflikte darüber gegeben, dass über die Politik ein objektives Gesamtinteresse bestimmt und schließlich auch realisiert wird. Nicht nur, dass hier die Frage zu stellen ist, welche am gesellschaftlichen Willensbildungsprozess beteiligten Akteure mit der Kompetenz ausgestattet sein sollen, dieses objektive Gesamtinteresse zu definieren, es stellt sich auch die Frage, in welcher Weise dieses objektive Gesamtinteresse in der Gesellschaft umgesetzt werden soll. Lässt man die bisherigen Betrachtungen nochmals Revue passieren, dann ist davon auszugehen, dass die einzelnen Bürger über die vorhandenen theoretischen Zusammenhänge keine Kenntnisse haben und durch wissende Berater oder erfahrene Expert(innen) über anstehende dringende Reformen aufgeklärt werden müssen. Ergebnis dieses gesellschaftlichen Diskurses muss, dieser Theorie nachkommend, sein, dass die Akteure schließlich dazu bewogen werden, ihre Handlungsweisen der Modellwelt entsprechend anzupassen. Überlegungen also, die auf eine expertokratische Demokratie hinauslaufen, in der der Demos über die Notwendigkeit anstehender Reformen aufgeklärt werden muss. Das Legitimations- und Demokratiedefizit des Ordoliberalismus wurde schon von Günter Hesse beklagt (Hesse 1979); gegenwärtig diskutierte ordnungspolitische Ansätze setzen anstelle des autoritären ein demokratisches Politikverständnis. Das tradierte Demokratieverständnis wird zwar von neueren Ordnungstheoretikern wie Ulrich Eith und Nils Goldschmidt kritisiert, bleibt aber wirkungslos, wenn, wie im vorangegangen Absatz dargelegt, das dem theoretischen Denken zugrunde liegende Konzept der vollkommenen Konkurrenz nicht weiter hinterfragt wird. Auch wenn Eith und Goldschmidt die Beratungstätigkeit in „der Ausarbeitung alternativer, ‚kluger' Arrangements mit erkennbaren Realisierungschancen" (Goldschmidt 2005) sehen, ist diese doch weiterhin als hierarchisches Muster der Fremdaufklärung gedacht und nicht als öffentliche Beratung und Selbstaufklärung.

3. Die Regel- und Normenbildung unter gerechtigkeitstheoretischen Betrachtungen

Der von Hayek vertretene philosophische Liberalismus beruht auf der Einsicht, dass die menschlichen Verstandeskräfte nur begrenzt sind. Aus diesem Grund fordert er eine erfahrungswissenschaftliche Methode der Kultur- und Geistesphänomene und betrachtet konstruktivistische Erklärungsmethoden, die der Vernunft eine dominierende Funktion einräumen, als antiliberal. Hayek, dem es, wie den Ordoliberalen, um die Frage nach einer gerechten und leistungsstarken Wettbewerbsordnung geht, steht dieser Schule nicht nur in methodologischer, sondern auch in sozial-philosophischer Hinsicht kritisch gegenüber. Wie im oberen Teil dargelegt, leitet der ordoliberale Ansatz aus einer begrenzten ökonomischen Freiheit eine eingeschränkte politische Freiheit ab. Hayeks Argumentation steht hierzu im Gegensatz. Aus einer, über ein System gerechter Regeln und Normen gewonnenen, individuellen persönlichen Freiheit zieht er Schlüsse auf das Konzept der ökonomischen Freiheit. Im Unterschied zu den Ordolibralen legitimiert Hayek die Regel- und Normenbildung nicht über ein ideales Marktkonstrukt, sondern auf der Grundlage eines sozialen Prozesses, an dem die handelnden Akteure direkt selbst beteiligt sind. Hayek, der das Regel- und Normensystem als Ergebnis eines evolutionären Handlungsprozesses und nicht als Entwurf von Richtern bzw. Gesetzgebern betrachtet, distanziert sich von den konstruktivistischen Erklärungsansätzen der Ordoliberalen. Den von den Ordoliberalen vertretenen wirtschaftspolitischen Dezisionismus (Hayek 2003, S. 103) lehnt er ebenso ab wie die bis zum heutigen Tag gängigen marktinterventionistischen Maßnahmen. Letztere definiert Hayek als einen „vereinzelten Zwangsakt", „unternommen zum Zweck der Erzielung eines spezifischen Ergebnisses und ohne Verpflichtung, in allen Fällen, in denen gewisse, durch eine Regel definierte Umstände die gleichen sind, das Gleiche zu tun … Jeder einzelne Eingriff schafft somit ein Privileg in dem Sinne, dass er den einen auf Kosten der anderen Vorteile verschafft, in einer Weise, die durch Prinzipien von allgemeiner Anwendbarkeit nicht zu rechtfertigen sind." (Hayek 2003, S. 279 f.).

3.1 Die liberale Rechtsordnung als Grundlage eines freien Wettbewerbs

Während die Ordoliberalen der Selbstregulierung ökonomischer Prozesse (Tauschprozesse) skeptisch gegenüberstehen und für die politische Durchsetzung gesamtgesellschaftlicher Ziele (Grundlage bildet hier ein wissenschaftliches Konzept) plädieren, votiert Hayek weiterhin für das sich selbst regulierende Prinzip und sieht im Unterschied zu den walrasianischen Ansätzen in dem sich evolutionär entwickelnden Regel- und Normensystem die notwendige Bedingung für ein sich selbst regulierendes Marktsystem. Auch wenn Hayek den sich selbst organisierenden Prozess eines auf Marktpreisen beruhenden ökonomischen Systems durch ein Regel- und Normensystem erweitert, macht er weiterhin eine analytische Trennung zwischen diesen beiden Größen.

Hayek definiert den ökonomischen Liberalismus wettbewerbstheoretisch und somit im Sinne der klassischen Ökonomen. Entsprechend den Vorstellungen Hayeks lehrt uns der ökonomische Liberalismus, dass „wir den bestmöglichen Gebrauch von den Kräften des Wettbewerbs machen sollen, um die Wirtschaftsaktivität der Individuen aufeinander abzustimmen" (Hayek 1991, S. 59). Die ökonomische Freiheit, so Carl Christian von Weizsäcker, wird von Hayek, und hierin unterscheidet er sich nicht vom Mainstream seiner Zeit, „instrumental" gesehen, und zwar „als Mittel zur Mobilisierung der Menschen in einer arbeitsteiligen Gesellschaft im Sinne des Wohlstandes und des Fortschritts" (Weizsäcker 2003). Arbeitsteilige Prozesse begreift Hayek als wissensteilige Prozesse, über die es den Marktindividuen gelingt, ihre individuellen Wissensbestände zu verändern. Da das von den Individuen im Laufe ihrer Marktaktivitäten produzierte Wissen über einen objektiven Beobachter nicht vorauszusagen ist, betrachtet Hayek im Unterschied zu den Vertretern ordoliberaler Ansätze die Marktergebnisse als offen. Das von Hayek entwickelte Konzept der ökonomischen Freiheit nimmt seinen Ausgang im Konzept der individuellen und somit in der persönlichen Freiheit. Hinsichtlich der persönlichen oder politischen Freiheit differieren Hayeks spätere Auffassungen von seinen früheren Überlegungen (Schmidtchen 2004). Noch in seinem 1971 erschienenen Werk „Verfassung der Freiheit" definiert Hayek die individuelle Freiheit als „Zustand, in dem der Mensch nicht dem willkürlichen Zwang durch den Willen eines anderen oder anderer unterworfen ist" (Hayek 1976, S. 14). In seinen späteren Werken sollte sich diese Auffassung dahingehend ändern, dass er den Zwang von den Individuen durch Handlungsregeln und Handlungsnormen als selbst auferlegt begreift und die „Rule of law" im Sinne eines evolutorischen Prozesses des Findens von „zuträglichen abstrakten Regeln" gegeben sieht (vgl. Schmidtchen 2004). Der Zwang wird nicht politisch und, so schlussfolgert Hayek, willkürlich gesetzt, sondern durch die am sozialen Prozess handelnden Individuen selbst herbeigeführt (Willke 2003, S. 119).

Sein Gerechtigkeitskonzept entwickelt Hayek in Auseinandersetzung mit pseudo-liberalen Ansätzen, die er als das Ergebnis von theoretischen Konstruktionen betrachtet. Diese konstruktivistischen Ansätze stehen in Traditionen von Voltaire bis Condorcet. Zeitgenössische liberale Ansätze wie der Rechtspositivismus mit seinem bekanntesten Vertreter Hans Kelsen und der sich Anfang des letzten Jahrhunderts entwickelnden philosophischen Strömung des Pragmatismus mit seinen prominentesten Vertreter John Dewey, sind hierunter zu subsumieren (Hayek 1967, S. 13). Im Unterschied zu den herkömmlichen Interpretationen, in denen Hayek als strikter Gegner rechtspositivistischer Positionen beschrieben wurde, sei hier auf seine ambivalente Position gegenüber dieser philosophischen Strömung verwiesen. Auch wenn sich Hayek von der rechtspositivistischen Position distanziert, nach der das Recht als Ergebnis eines bewussten Willensbildungsprozesses zu betrachten ist, so übernimmt er doch die von dieser Strömung vertretene Ansicht, nach der die Normen gerechten Verhaltens nicht über positive Kriterien, „d. h. auf Prämissen, aus denen das System von Regeln des gerechten Verhaltens beruht, logisch zu deduzieren" sind (Hayek 2003, S.62).

> „Gerechtigkeit ist also ganz entschieden nicht ein Ausbalancieren besonderer Interessen, die in einem konkreten Fall auf dem Spiel stehen, noch zielt sie darauf ab, einen besonderen Sachverhalt herbeizuführen, der als gerecht angesehen wird."

Damit begründet sich der gerechtigkeitstheoretische Ansatz von Hayek weder aus positivistischen Erklärungen, noch ist dieser an einen bewussten Willensbildungsprozess gebunden. Hieraus erschließt sich, weshalb Hayek jene Verhaltensregeln als gerecht definiert, die die Individuen unbewusst, und somit durch ihre „praktischen Tätigkeiten" hervorgebracht haben und die nicht aus „einem vernünftigen Schlussfolgern" und somit interessengeleiteten Handeln entstanden sind. Anstelle eines positiven Kriteriums zur Erklärungen institutioneller Arrangements setzt dieser nunmehr ein normatives Kriterium.

Von der ersten Regelanwendung bis zur gesetzlichen Normensetzung müssen mehrere Stufen überwunden werden. Zunächst werden die Handelnsregeln in einem intersubjektiven Prozess des Suchens und Findens in „kleinen, zweckgebundenen Gruppen" ausformuliert. Später, nachdem sie sich gegenüber alternativ angewandten Regeln und Normen in größeren Gruppen durchgesetzt haben, werden sie in Form allgemeingültiger Gesetzesvorschriften über die Parlamente verabschiedet. Die Funktion von Parlamenten (rechtsgebende Instanz) besteht nach Hayek nunmehr darin, allgemeingültige Handelnsregeln in formale Gesetzesvorschriften zu transformieren. Die Struktur des Rechtssystems hat sich aufgrund evolutionärer interaktiver Handlungsprozesse entwickelt und beruht auf materialisierten Regeln und Normen (Hayek 1968 [1973], S. 169 ff.). Abgesehen von Gebhardt Kirchgässners vorgetragenen Einwänden, nach denen öffentliches Privatrecht wie privates Recht evolutorisch entstanden sind und auch neu gesetzt wurden (Kirchgässner 2004, S. 2), ist mit Kirchgässner zu fragen, inwieweit es zulässig ist, das private Recht mit Regeln des gerechten Verhaltens gleichzusetzen (Kirchgässner 2004, S. 2).

Zahlreiche Fragen ergeben sich auch aus Hayeks Verständnis von politischen Prozessen und deren Einfluss auf die Entstehung eines Systems von Regeln und Normen. Die schon auf der Handlungsebene geäußerte Skepsis Hayeks, nach der die Individuen mittels ihrer Vernunft die Realität erkennen, diese aber nur durch ihre Handlungen auch verändern können, spiegelt sich in seinen Ansichten über die politische Handlungsebene wider. Da ein sich selbst überlassener politischer Prozess nach Hayek zur Umsetzung privilegierter Einzelinteressen führen muss, sind die politischen Entscheidungsträger in den Prozess der Rechtssetzung einzubinden. Hayek sieht einen optimalen politischen Einfluss auf das Marktsystem durch institutionelle Arrangements nur im Falle eines materialisierten Rechtsstaates gegeben, da sich dieser in einem evolutionären Prozess und auf der Grundlage gerechter Regeln und Normen konstituiert. Im Gegensatz hierzu steht der formale Rechtsstaat, der „die Regierung zu jeder Handlung durch Gesetz autorisiert, wobei es aber gleichgültig ist, ob dieses Gesetz eine allgemeine Verhaltensregel darstellt oder nicht" (Hayek 1967, S. 18). Solange die handelnden Akteure an der Aufstellung der Regeln des gerechten Verhaltens selbst mitgewirkt haben, sind diese als gerecht zu betrachten. Dagegen bewertet Hayek eine institutionelle Struktur, die von politischen und juristischen Entscheidungsträgern entworfen und umgesetzt wurde, als ungerecht und wohlstandsmindernd. Die Funktionstätigkeit preiskoordinierter Systeme wird so lange nicht eingeschränkt, wie sich die Gesetzgeber in ihren politischen Entscheidungen an der evolutionär entstandenen Struktur des allgemeingültigen Regel- und Normensystems orientieren. Die Skepsis Hayeks gegenüber einem auf demokratische Weise zustande gekommenen politischen Willensbildungsprozesses erklärt sich einerseits daraus, dass die Politiker nur über eine eingeschränkte Sicht hinsichtlich der räumlichen und zeitlichen Gegebenheiten verfügen, andererseits damit, dass es das Ziel des Berufspolitikers ist, durch kurzfristige Wahlversprechen seine Wiederwahl zu erreichen. Prinzipiell ist nach Hayek somit auszuschließen, dass die politischen Handlungsträger an einer langfristigen ökonomischen Entwicklung Interesse haben werden. Interventionistische Maßnahmen werden als politische Entscheidungen deklariert, die zugunsten einzelner Interessengruppen getroffen werden und weniger darauf gerichtet sind, die Funktionstätigkeit spontaner Marktordnungen zu verbessern. Inwieweit es richtig ist, dass sich in den interventionistischen Maßnahmen allein der Einfluss von Interessengruppen niederschlägt, und eine optimale Funktionstätigkeit preiskoordinierter Systeme nur auf der Grundlage eines gerechten und abstrakten Recht- und Normensystems möglich ist, soll im folgenden Abschnitt untersucht werden.

3.2 Zu den Funktionsbedingungen des freien Wettbewerbs

Je stärker sich in den sozialen Gesellschaften ein System gerechter Verhaltensregeln konstituiert hat, desto mehr werden die Marktindividuen hierüber motiviert, ihre geistigen und physischen Fähigkeiten auszubauen. Im freien Wettbewerb sieht Hayek ein Verfahren zur Aufdeckung von neuem Wissen und somit von neuen Kenntnissen in Raum und Zeit. Aus den bisherigen Darlegungen ist der vorläufige Schluss zu ziehen, dass notwendige Bedingung für die freie Wettbewerbsordnung ein sich evolutionär entwickelndes gerechtes Regel- und Normensystem ist. Inwieweit es sich hierbei auch um eine hinreichende Bedingung handelt, soll im Folgenden untersucht werden. Eine optimale Leistungsfähigkeit wettbewerbsfähiger Systeme ist nach Hayek unter Bedingungen gerechter Normen und Regeln gegeben. Marktschwächen bzw. Marktunvollkommenheiten sind auf Mängel im institutionellen System zurückzuführen. Gesetzesmängel existieren, nach Ansicht von Hayek, vor allem im Gesellschaftsrecht und Patentrecht. Im Unterschied zu den klassischen Ansätzen vertritt er damit die Auffassung, dass es nicht genügt, wenn über das Recht allein „das Privateigentum und die Vertragsfreiheit anerkannt wird. [...]“ (Hayek 1991).

Die institutionelle Einbindung von Wettbewerbsprozessen ist für das Hayek'sche Denken bestimmend. Hayeks Sicht auf den Wettbewerbsprozess ist gegenüber jener der Ordoliberalen und der Walrasianer differenzierter. In diesem Zusammenhang lässt er verlauten, dass es nicht so sehr um den *universellen* Wettbewerb, sondern um *universelle Formen* des Wettbewerbs in der theoretischen Analyse gehen solle (Hayek 1960–1961). Der universelle Charakter von Wettbewerbsformen gründet sich bei Hayek auf die Einbeziehung von institutionellen Arrangements. Im Vergleich zum tradierten allokationstheoretischen Ansatz ist Hayeks Sicht auf das Wettbewerbsgeschehen differenzierter und begründet auch seine Skepsis gegenüber diesem Modell. Hayeks Kritik am walrasianischen Wettbewerbskonzept erklärt sich aus der Kluft zwischen denjenigen

Bedingungen, von denen im tradierten neoklassischen Ansatz ausgegangen wird, und denen, die in der Realität dann tatsächlich vorliegen. Diese Kluft monierend ist es nach Hayek unmöglich, auf dem Konzept des vollkommenen Wettbewerbs ein angemessenes wirtschaftspolitisches Konzept zu formulieren (Hayek 1991). Wenngleich ihm durch die Einführung institutioneller Arrangements eine situative Sicht auf das Wettbewerbsgeschehen möglich wurde, konnte er andererseits nicht an das walrasianischen Erbe anknüpfen und eine totalökonomische Sicht auf das wettbewerbskoordinierte System entwerfen. Erinnert sei in diesem Zusammenhang an das zweite Kapitel, in dem ausführlich dargelegt wurde, dass das Prinzip der vollkommenen Konkurrenz für Leon Walras, neben seinem Realitätsbezug, immer auch ein methodisches Instrumentarium bildete, um die zwischen den Güter-, Arbeits- und Geldmärkten ablaufenden Interaktionsprozesse abzubilden und eine für das Gesamtsystem allgemeingültige Lösung zu definieren. Diese fehlende Gesamtsicht auf dem Marktprozess ist ein Grund dafür, dass Hayek, bis in seinen späten Schriften, auf die effizienztheoretischen Betrachtungen des neoklassischen Ansatzes rekurrierte und es somit nicht vermochte, seine institutionstheoretischen Betrachtungen mit preistheoretischen Erklärungen zu verbinden. Auch in seinen partialökonomischen Ansätzen gelang es Hayek nicht, ein Kriterium über die Funktionsbedingungen von Märkten zu formulieren und bezog sich deshalb immer auf das effizienztheoretische Kriterium. Der Grund hierfür liegt in der Diskrepanz zwischen dem oben beschriebenen gerechtigkeitstheoretischen Ansatz und dem Prozess der Einkommensgenerierung, auf den im Folgenden detailliert eingegangen werden soll.

Zusammenhang zwischen Normen-gerechtem Verhalten und freiem Wettbewerb

Hayek bettet den Prozess der Einkommensentstehung in eine Struktur gerechter Regeln und Normen ein und distanziert sich so von jenen Ansätzen, die eine gerechte Einkommensverteilung bewusst über eine Rechtsordnung herbeiführen wollen.

Die Bedingungen eines vollständig durchgesetzten Leistungswettbewerbs sind dann gegeben, wenn die Handlungsregeln und Handlungsnormen Ergebnis eines evolutionären Prozesses sind. Solange die Individuen unter den gleichen Regeln und Normen handeln, fungiert der Markt als eine Art „Leistungsprüfung“[1], mittels der festgestellt wird, welche Bewerber „unter den gleichen Bedingungen am billigsten produzieren“ (Hayek 1967, S. 28). In einigen seiner

---

1 Ein Begriff, den von Mises verwendete und mit dem er zeigen wollte, dass „die Wirtschaft kein Wettspiel um einen Ehrenpreis ist, zu dem die Bewerber unter den durch die Spielregeln umschriebenen Bedingungen antreten. … Die Konkurrenz als gesellschaftliche Erscheinung hat mit der Konkurrenz im Spiel nichts zu tun.“ Mises (1929, S. 44).

Schriften geht Hayek noch weiter, indem er die Knappheit als konstituierendes Moment des Wettbewerbsprozesses begreift. Die Knappheit wird zum bestimmenden Moment des Wettbewerbsprozesses, weil erst über diesen aufgedeckt wird, „welche Güter knapp oder welche Dinge Güter sind, oder wie knapp oder wertvoll sie sind, ist gerade einer der Umstände, die der Wettbewerb entdecken soll“ (Hayek 1969, S. 249). Mit diesem wettbewerbstheoretischen Konstrukt distanziert er sich von Aussagen seiner frühen konjunkturtheoretischen Schriften, in denen er dem allokationstheoretischen Paradigma entsprechend die Ansicht vertreten hatte, dass über den Wettbewerbsprozess die vorhandenen gegebenen Ressourcen effizient auf die verschiedenen Verwendungsmöglichkeiten alloziert werden. Mit dem Argument, „die realen Knappheitsverhältnisse und damit das ökonomische Problem einfach weg zu definieren“ (Hayek 1984, S. 26), wandte er sich gegen die konjunkturpolitischen Vorschläge John Maynard Keynes und seiner Anhänger, das reale Wirtschaftsgeschehen durch eine expansive Kreditpolitik zu stabilisieren.[2] Die Prozesse der Ent- bzw. Verknappung, die über den Leistungswettbewerb stattfinden sollen, stehen konträr zu den einkommenstheoretischen Erkenntnissen des Soziologen und Ökonomen Augustin Cournot, auf die dieser in seinem 1927 erschienen Werk „Untersuchungen über die mathematischen Grundlagen der Theorie des Reichtums“ verwiesen hatte. Er berichtet dort, dass die Pariser Buchhandlung Dupont zwei Drittel der Exemplare der Memoiren der alten Académie des sciences einstampfen ließ, um aus dem Restbestand einen hohen Gewinn zu erzielen.

> „Aus demselben Grund hat, wie man berichtet, die Holländische Compaigne auf den Inseln des Sundes einen Posten wertvoller Gewürze vernichtet, für die sie das Monopol besaß.“ (Cournot 1924, S. 5)

Im Unterschied zu Hayek und Vanberg zeigt Cornout in dieser Schrift, dass die Gewinne nicht allein auf ein Entdecken neuer knapper Ressourcen zurückzuführen sind, sondern auch dadurch realisiert werden können, dass Güter und Ressourcen bewusst knapp gehalten werden (Cournot 1924).

Hayek, der den Prozess der Einkommensgenerierung als für das Wettbewerbsgeschehen konstituierend betrachtet, begründet diesen hauptsächlich wissenstheoretisch und vernachlässigt so die machttheoretische Komponente des Wettbewerbs. Er sieht im Wettbewerb einen Prozess, über den nicht nur die individuellen Wissensbestände, sondern auch der gesellschaftliche Wissensbe-

---

2 Hayeks leistungsorientiertes Wettbewerbsverständnis hat auch in neueren ordnungspolitischen Ansätzen Eingang gefunden. So sieht Vanberg die Quelle für die Produktivität der Märkte in deren innewohnenden Dynamik. Ergebnis dieser Dynamik ist eine Vielfalt an Produkten, Produktionsverfahren oder Vertriebsmethoden, die zu einer immer besseren Befriedigung der Konsumentenbedürfnisse führen werden. Vanberg (2005).

stand erhöht wird. Hinsichtlich der Einkommenserzielung nimmt Hayek eine ambivalente Position ein. Einerseits betrachtet er diese als wohlstandsförderndes und andererseits als wohlstandshemmendes Moment. Dies *erklärt auch,* weshalb Hayek die Erwirtschaftung von Gewinnrenten unter wissenstheoretischen Aspekten als zulässig betrachtet und nicht wie die Vertreter des ordoliberalen Ansatzes diese a priori auf ein Marktversagen zurückführt. Quasi-Renten rechtfertigt Hayek damit, dass diese auf eine höhere Geschicklichkeit, einen größeren Einfallsreichtum oder einen größeren Wissensstand der Marktteilnehmer zurückzuführen sind. Dagegen distanziert er sich von (Monopol-)Gewinnen, die aufgrund verfestigter Machtkonstellationen entstanden sind und durch die sich hieraus ergebenden ungleichen Wettbewerbskonstellationen noch verstärkt werden und so der gesamtgesellschaftliche Wohlstand eingeschränkt wird. Hinsichtlich der Wettbewerbspositionen sind diejenigen, die die Individuen aufgrund machtpolitischen Handelns errungen haben, von denjenigen zu unterscheiden, die die Marktakteure aufgrund innovativen Verhaltens erlangt haben. Wenngleich Hayek in seiner Analyse auf entstandene Einkommensunterschiede verwies, diskutierte er jedoch nur jene, die über einen evolutionären Wettbewerbsprozess aufzuheben sind. Auf Situationen, in denen der Wettbewerbsprozess versagt und Einkommensunterschiede sich verfestigen werden, geht Hayek jedoch nicht weiter ein. Indem er sich von Einkommensunterschieden distanziert, die ein Ergebnis verfestigter ökonomischer Machtkonstellationen sind, ist davon auszugehen, dass er eine Lösung über den Wettbewerbsprozess nicht gegeben sieht. Solange die Einkommensdifferenzen durch Machtdifferenzen entstehen, ist nicht davon auszugehen, dass sie über den Wettbewerbsprozess aufgelöst werden. Eine Kritik, die schon Frank Knight an der Hayek'schen Theorie geübt hatte.

> "Hayek does not note that inequality tends to grow, especially economic; for one who at a moment possesses more wealth is in a better position to acquire still more."(Knigth 1967)

Die Vernachlässigung des Machtproblems in der Hayek'schen Analyse wurde jüngst auch von Michael Wohlgemuth vorgetragen. Neuere theoretische Ansätze zeigen, dass die Entstehung von Marktmacht sowohl verhaltenstheoretisch als auch auf die technische Zusammensetzung des Kapitals zurückzuführen ist. Der erste Fall tritt beispielsweise in ökonomischen Situationen ein, in denen einzelne Marktteilnehmer gegenüber anderen Marktteilnehmern Informationsvorsprünge besitzen und diese über Verträge auch langfristig ausbauen werden. Der transaktionskostentheoretische Ansatz beruht auf Informationsdifferenzen und zeigt, dass die Sicherung von Gewinnansprüchen darüber erfolgt, dass Marktakteure Informationen verzerrt oder unvollständig weitergeben. Die ungleichen Tauschkonstellationen der Akteure sind auf Informations- und Wissensasymmetrien zurückzuführen, durch die Einkommensdifferenzen zwischen den Individuen noch verstärkt werden. Neben diesem verhaltenstheoretischen Aspekt gibt es auch einen technischen Aspekt, durch den Marktungleichgewichte herbeigeführt werden. In diesem Zusammenhang sei auf das Theorem steigender Skaleneffekte verwiesen. Dieses besagt, dass eine Zunahme der Produktivität dann entstehen wird, wenn alle Produktionsfaktoren im gleichen Ausmaß erhöht werden. Die damit einhergehende Senkung der Durchschnittskosten wird schließlich dazu führen, dass große Unternehmen billiger als kleinere Unternehmen produzieren werden und letztere schließlich nicht überleben werden. In diesem Fall führt eine veränderte technische Zusammensetzung des Kapitals zur Entstehung von Marktzutrittsbarrieren, die zu überwinden, gerade für kleine innovative Unternehmen, mit erheblichen Kosten verbunden sein wird. Die veränderte technische Zusammensetzung führt somit zu einer Ungleichheit zwischen den Marktakteuren, die über den Wettbewerbsprozess nicht mehr aufzulösen ist. Ein sich auf diese Weise institutionalisierender Wettbewerbskonflikt wird langfristig zu einer Zunahme der Einkommensunterschiede führen. Hieraus ist zu schließen, dass die aufgetretenen konfliktären Interessenkonstellationen über den Wettbewerbsprozess nicht mehr zu korrigieren sind. In Situationen, in denen über die Tauschprozesse Konflikte nicht mehr aufzulösen sind, braucht es eine marktunabhängige Instanz. Diese kann beispielsweise über den politischen Willensbildungsprozess gesetzt werden. Daraus folgt, dass es sich bei den über die Politik getroffenen Entscheidungen nicht um willkürliche Maßnahmen, sondern um solche Eingriffe handelt, die zu einer Stabilisierung des Wettbewerbsprozesses führen werden. Indem der Staat auf bestimmte Industriebranchen Einfluss nimmt, schafft er faire Zugangsbedingungen, sodass auch neuere Anbieter die Möglichkeit erhalten, am Wettbewerbsgeschehen teilzunehmen. In Industriegesellschaften entwickeln Märkte ihre eigenen Strukturen. Eine Wirtschaftspolitik, die sich die Wohlstandserhöhung zum Ziel gesetzt hat, muss den Hayek'schen Vorstellungen entsprechend ihren Ausgang in den Anfangsbedingungen nehmen (siehe Abschnitt 3). Welche Konstellationen als gerecht und welche als ungerecht zu bewerten sind, muss daher von der Politik herausgefunden werden.

4. Zusammenfassung

Innerhalb des Artikels wurde der Frage nachgegangen, inwieweit es Vertretern ordnungstheoretischer Ansätze gelungen ist, ihren Anspruch auf die bessere Wirtschaftspolitik theoretisch umzusetzen. Der Ordoliberalismus wie auch der ordnungstheoretische Ansatz Hayek'scher Prägung gehören dem wettbewerbsfundierten Liberalismus an. Beide sehen in der Realisierung einer freien Wettbewerbsordnung die Grundlage für wirtschaftliches Wachstum. Schon der Liberale Ludwig von Mises wandte sich von dem tradierten ökonomischen Liberalismus mit dem Einwand ab, dass dieser veraltet und für eine zunehmend monopolitisch werdende Marktstruktur nicht mehr tragfähig sei. Anstelle dessen setzt er einen auf Sondereigentum beruhenden Liberalismus und formuliert hierüber, welche wirtschaftspolitische Maßnahmen gerechtfertigt und welche als antiliberal zu klassifizieren sind. Dass Mises ebenso wie Hayek und Eucken hieran scheiterte, zeigt, dass liberale Ökonomen unterschiedlichster Prominenz bisher keinen theoretischen Ansatz gefunden haben, um das wirtschaftspolitische Handeln in einer industrialisierten Marktwirtschaft zu legitimieren. Weshalb Hayek und Eucken trotz ihres unterschiedlichen methodologischen und politischen Verständnisses keine ordnungspolitische Lösung gefunden haben, wirft die generelle Frage auf, inwieweit über eine ordnungsadäquate Wettbewerbsordnung, Marktprobleme industrialisierter Gesellschaften überhaupt zu lösen sind.

Die Vertreter des Ordoliberalismus leiten die Normen wirtschaftspolitischen Handelns aus einem positiven Wettbewerbsteleologismus ab. Kritisiert wurde sowohl das diesem Ansatz zugrunde liegende Konzept der vollkommenen Konkurrenz als auch das sich hieraus ableitende Demokratieverständnis. Hiervon unterscheidet sich Hayek, der, wie die hieran anknüpfenden neueren ordnungspolitischen Ansätze, die Normen politischen und ökonomischen Handelns über ein gerechtigkeitstheoretisches Konzept zu legitimieren sucht. Das gerechtigkeitstheoretische Konzept Hayeks versteht sich als Kritik zu rechtspositivistischen Ansätzen und nimmt in Handlungsregeln, die sich spontan aus dem sozialen Geschehen formiert haben, seinen Ausgangspunkt. Materialisierte Handlungsregeln bilden die Grundlage für das von den Gesetzesgebern zu erlassende Regel- und Normenwerk. Hayek sieht diese Entwicklung nur im Privatrecht gegeben. Nicht nur, dass die Gleichsetzung von allgemeinen Verhaltensregeln mit privatrechtlichen Normen zu kritisieren ist, auch stellt sich die Frage, inwieweit über Lücken im Regel- und Normenwerk Marktschwächen zu erklären sind. Hayek bezieht sich sowohl in seinen partial- als auch totalökonomischen Konzepten immer wieder auf das Effizienzkriterium und rekurriert somit auf das walrasianische Konzept. Darüber hinaus war es ihm auch unmöglich, in seinen einkommenstheoretischen Betrachtungen neben wissenstheoretischen auch machttheoretische Aspekte zu diskutieren.

Literatur:

Albert, H., 2001: Rationalität und Wirtschaftsordnung. In: Albert, H.: Lesebuch. Tübingen: Mohr Siebeck. S. 204–273.

Albert, H., 2004: Wirtschaft, Politik und Freiheit. Das Freiburger Erbe. Freiburger Diskussionspapiere zur Ordnungsökonomik. S. 15.

Cournot, A., 1924: Untersuchungen über die mathematischen Grundlagen der Theorie des Reichtums. Frankfurt: Gustav Fischer.

Ebner, A., 2003: Wirtschaftspolitik jenseits von Staat und Markt: Institutionelle Aspekte einer evolutorischen Ordnungstheorie. Beitrag zum VI. Workshop zur Evolutorischen Ökonomik. Buchenbach.

Eucken, W., 1990: Grundzüge der Wirtschaftspolitik. 6. Auflage, Tübingen: Mohr Siebeck.

Eucken, W., 1949: Wettbewerbsordnung. Jahrbuch für die Ordnung von Wirtschaft und Gesellschaft.

Goldschmidt, N./Eith, U., 2005: Zwischen Zustimmungsfähigkeit und tatsächlicher Zustimmung: Kriterien für Reformpolitik aus ordnungsökonomischer und politikwissenschaftlicher Perspektive. Freiburger Diskussionspapiere zur Ordnungsökonomik. Institut für Allgemeine Wirtschaftsforschung; Abteilung für Wirtschaftspolitik.

Gray, J., 2002: Die falsche Verheissung. Frankfurt am Main: Fischer Taschenbuch Verlag GmbH.

Hayek, F., 2003: Recht, Gesetz und Freiheit. Tübingen: Mohr Siebeck.

Hayek, F.,1991: Der Weg zur Knechtschaft. München: Verlag Bonn Aktuell.

Hayek, F. A., 1984: Der Strom der Güter und Leistungen. Tübingen: Mohr Siebeck.

Hayek, F. A., 1976: Die Verfassung der Freiheit. Tübingen: Mohr Siebeck.

Hayek, F., 1969: Der Wettbewerb als Entdeckungsverfahren. In: F. Hayek, Freiburger Studien. Gesammelte Aufsätze. Tübingen, S. 249–265.

Hayek, F.,1967: Grundsätze einer liberalen Wirtschaftsordnung. Jahrbuch für die Ordnung von Wirtschaft und Gesellschaft. S. 11–35.

Heller, H., 1933: Autoritärer Liberalismus. Die Neue Rundschau 44. S. 289–298.

Hesse, G., 1979: Staatsaufgaben: Zur Theorie der Legitimation und Identifikation staatlicher Aufgaben. Baden-Baden.

Kersting, W., 2005: Der liberale Liberalismus. Notwendige Abgrenzungen. Freiburger Diskussionspapiere zur Ordnungsökonomik. S. 22.

Kirchgässner, G., 2004: Ökonomische Theorie der Verfassung. Diskussionspapiere St. Gallen. S. 22.

Knigth, F., 1967: Laissez Faire: Pro and Con. The Journal of Political Economy. S. 782–795.

Lampe, A., 1927: Notstandsarbeiten oder Lohnabbau Kritik der Wirtschaftstheorie an der Arbeitslosenpolitik. Jena.

Mill, J. S., 1974: Über die Freiheit. Taschenbuch Reclam.

Mises, L. v., 1929: Kritik des Interventionismus. Stuttgart: Gustav Fischer Verlag.

Riese, H., 2002: Wirtschaftspolitik in einer Marktgesellschaft – Aspekte einer gestörten Beziehung. Diskussionsbeiträge des Fachbereichs Wirtschaftswissenschaft der Freien Universität Berlin. S. 29.

Rüstow, A., 1950: Das Versagen des Wirtschaftsliberalismus. 2. Auflage, Stuttgart: Küpper.

Schmidtchen, D., 2004: Recht, Eigentum und Effizienz: Zu F. A. v. Hayeks Verfassung der Freiheit. German Working Papers in Law and Economics. S. 29.

Senf, B., Juni 1999: Die kopernikanische Wende in der Ökonomie? Zeitschrift für Sozialökonomie. S. 1–26.

Vanberg, V. J., 2007: Privatrechtsgesellschaft und ökonomische Theorie. Freiburger Diskussionspapiere zur Ordnungsökonomik. S. 38.

Vanberg, V. J., Mai 2005: Das Paradoxon der Marktwirtschaft: Die Verfassung des Marktes und das Problem der sozialen Sicherheit. Freiburg Discussion Papers on Constitutional Economics. S. 19.

Vanberg, V. J., 2002: F. A. Hayek und die Freiburger Schule. Beitrag zur Tagung „Friedrich A. von Hayek und die Österreichische Schule der Nationalökonomie“. Università di Milano-Bicocca.

Walker, D. A., 1988: Walras' Theorie des ökonomischen Verhaltens – eine moderne Sicht. Düsseldorf: Verlag Wirtschaft und Finanzen GmbH, Ein Unternehmen der Verlagsgruppe Handelsblatt Düsseldorf.

Weizsäcker, C., 2003: Hayeks Aufsätze zur Ordnungsökonomie sowie zur politischen Philosophie und Theorie. ORDO.

Williamson, O. E., 1990: Die ökonomischen Institutionen des Kapitalismus.Williamson. Tübingen: Mohr Siebeck.

Willke, G., 2003: Neoliberalismus. Frankfurt/Main: Campus Verlag GmbH.

Wissenschaftliche Politikberatung zwischen ökonomischer und politischer Rationalität

Michael Bolle

„Ich bin aber kein Löwe", sagte das Hühnchen. „Das allerdings", sagte die weise Eule streng, „interessiert mich nicht. Ich mache Beratung, die Implementierung ist Dein Problem."

1. Für Ökonomen ist wissenschaftliche Politikberatung einfach. Auf der Grundlage eines dezisionistischen Ansatzes von Theorie der Wirtschaftspolitik à la Tinbergen-Weber bestimmen Ökonomen den optimalen Mittel-Einsatz zur Erreichung vorgegebener Ziele. Dies entspricht auch üblicher Auftragsforschung der wissenschaftlichen Politikberatung selbst für formal unabhängige Sachverständige, die den Wirtschaftswissenschaftlern die Lösung einer Optimierungsaufgabe bei vorgegebenen Zielen, Mitteln und institutionellen Bedingungen erlaubt. Im günstigsten Fall dürfen bei dezisionistischer qualitativer Wirtschaftspolitik institutionelle Bedingungen mit bedacht und im Sinne von Szenarien variiert werden. Im Ergebnis folgen wirtschaftspolitische Empfehlungen, an die sich die politischen Entscheidungsträger halten können und an die sie sich – oft zur Verwunderung der wissenschaftlichen Auftragnehmer – manchmal auch halten. Ökonomen optimieren dabei vor dem Hintergrund eines Effizienzbegriffs unter Nebenbedingungen. Erweiterte Zielkataloge bis hin zu umfangreichen Systemen sozialer Indikatoren machen die Dinge auf jeden Fall komplizierter, selten genug komplexer: Das One-stone-one-bird-Theorem muss erfüllt sein, Zielkonflikte führen zu Tradeoffs und Zweitbestlösungen bei Bewertungen gesellschaftlicher Kosten und Erlöse, deren Kriterien für den wirtschaftswissenschaftlichen Berater vorgegeben sind.

2. Fragt man, um ein Aperçu von Churchill zu benutzen, zehn Ökonomen um ihre Meinung, bekommt man elf Antworten dann, wenn unter den Ökonomen Keynes selbst ist. Die Gründe für die verschiedenen Antworten liegen in der Vielfalt der Auffassungen über ökonomische Funktionsmechanismen, die die Ziel-Mittel-Relationen bestimmen. Ein Vertreter der Theorie rationaler Erwartungen wird die Wirkungen von finanzpolitischen Instrumenten anders bewerten

als ein Bastard-Keynesianer, der Geldillusionen bei Akteuren annimmt. Die Vielfalt der Antworten verwirrt politische Entscheidungsträger, die dann oft Beliebigkeit vermuten. Diese Vermutung ist falsch, wenn Politikberatung den anerkannten wissenschaftlichen Standards – logische Richtigkeit, Falsifizierbarkeit – folgt und empirisch nachvollziehbar und nachprüfbar kalibriert. Politik muss entscheiden, welchem Ratschlag sie bei widerstreitenden Empfehlungen folgt oder, liegt nur eine gültige Empfehlung für die Bestlösung vor, ob sie diese der Zweit- oder Drittbestlösung vorzieht. Politik wird diese Entscheidung freudig treffen, da die der politischen Entscheidung über die zu wählende Politikmaßnahme zugrunde liegende politische Rationalität keineswegs der dem Ziel-Mittel-Modell des Beraters zugrunde liegenden ökonomischen Rationalität entspricht.

3. Die Entscheidung über die zu realisierende Politik folgt in offenen Gesellschaften einer gesellschaftlichen Zustimmungslogik. Für die Implementierung von Politiken braucht der politische Entscheidungsträger in demokratischen Gesellschaften die Zustimmung des Souveräns, meist auf kurze, manchmal erst auf mittlere, sicher aber auf lange Sicht. Durch Formung individueller Präferenzen und Beeinflussung des Selektionsprozesses bei der Bildung des gesellschaftlichen Willens können politische Entscheidungsträger auch bei kurzfristiger Ablehnung von Politiken Mehrheiten auf mittlere oder lange Sicht gewinnen, in jedem Fall müssen sie sich bei der Wahl der Politik mit den Präferenzen der Wähler auseinandersetzen. Dies gilt jedenfalls in offenen Gesellschaften, in denen aufgrund demokratischer Prozeduren Macht auf Zeit verliehen wird und friedlicher (demokratischer) oder weniger friedlicher (revolutionärer) Machtverlust immer droht. Welche Rolle ökonomische Effizienz oder andere Zielvorstellungen wirtschaftswissenschaftlicher Beratung dabei spielen, ist eine empirische Frage. Diese Frage wird auf der Grundlage individueller Präferenzen bei unterschiedlichen Problemlagen und ihrer Perzeption über den konstitutionell verfassten Selektionsprozess der Bildung des gesellschaftlichen Willens jeweils unterschiedlich beantwortet. Politische Entscheidungsträger suchen Mehrheiten für ihre Politiken, Zustimmung und Akzeptanz eines von ihnen formulierten Begriffs von gesellschaftlichem Wohlstand, der sich in der Konkurrenz zu anderen durchsetzen soll und jedenfalls nicht, wie Arrows Unmöglichkeitstheorem deutlich werden lässt, durch simple Aggregation individueller Präferenzen entstanden ist. Die der politischen Rationalität zugrunde liegende und von Politik unter Nebenbedingungen zu maximierende soziale Wohlstandsfunktion enthält politische Variablen wie Wiederwahl-Wahrscheinlichkeiten bei durch das politische System bestimmten Zeithorizonten, nicht aber jene Variablen, die dem Ziel-System wirtschaftswissenschaftlicher Politikberatung zugrunde liegt. Die ökonomisch beste Lösung interessiert Politiker in der Regel dann nicht, wenn sie ohne systemgefährdende gesellschaftliche Konflikte nicht durchsetzbar ist, zu

demokratischem Machtverlust führt oder der Revolution zur Geltung verhilft. Nicht nur in Deutschland ist Ordnung relevantes Politikparadigma, weit häufiger als gewaltsamer Umsturz.

4. Wissenschaftliche Politikberatung, soll sie denn politisch relevant werden, beinhaltet die Aufgabe der Formulierung einer optimalen Politik zur Gewinnung, Erhaltung und Ausdehnung von Macht unter den Nebenbedingungen der Minimierung ökonomischer Kosten. Den Wirtschaftswissenschaftlern fällt der zweite Teil der Aufgabe zu, den ersten Teil der Aufgabe übernehmen die politischen Entscheidungsträger selbst. In offenen Gesellschaften ist dies die beste, weil effiziente Lösung. Die Konkurrenz der politischen Alternativen fördert die Effizienz der Entscheidungsfindung zwischen Politikalternativen und erlaubt einen gesellschaftlichen Willensbildungsprozess, der bei Verleihung von Macht auf Zeit und demokratischen Prozeduren ein hohes Maß von unterschiedlichen Auffassungen über die richtige Alternative auch im Zeitablauf aufnehmen kann. Dem wirtschaftswissenschaftlichen Berater bleibt die Rolle des Beobachters, der, um noch ein Aperçu aufzunehmen, zwar die Preise, nicht aber die gesellschaftlichen Werte kennt und in ihrer Bedeutung einzuschätzen vermag. Und das ist auch gut so.

Literatur:

Weber, M., 1919: Politik als Beruf. Ditzingen: Reclam. Reprint 1992.

Ordnungsökonomik und Soziologie – zwischen „soziologischem Liberalismus" und „Soziologieblindheit"

*Stefan Okruch**

1. Einleitung

Ordnungstheorie und -politik werden modernisiert. Zum einen wird der Ruf nach einer Wirtschaftsverfassung konstitutionenökonomisch unterlegt und dabei die *Wahl* der „guten" Verfassung neu legitimiert. Zum anderen wird der Wettbewerb der Wirtschaftsordnungen in den Blick genommen und als Quelle des *Wandels* der Wirtschaftsverfassung entdeckt. Zu diesen Modernisierungsstrategien will ich hier nicht *en détail* Stellung nehmen (vgl. dazu Okruch 2002, 2004). Meine These in diesem Beitrag ist, dass sowohl die Rückversicherung bei der Verfassungsökonomik als auch die Berücksichtigung des Systemwettbewerbs eine wichtige Dimension der klassischen Ordnungstheorie aussparen – nämlich *ihren soziologischen Ansatz vergessen*. In dem folgenden Beitrag möchte ich die Ordnungsökonomik an diesen Ansatz erinnern. Diese Erinnerung ist auch deshalb vielversprechend, weil die Ordnungsökonomik trotz der geschilderten Modernisierungen nach wie vor und erneut in die Kritik geraten ist. Der auf die Wirtschaftskrise von 2008 folgende Methodenstreit von 2009 hat einmal mehr klar gemacht, dass der ordnungsökonomische Mainstream (wenn der Begriff erlaubt ist) erhebliche Schwierigkeiten hat, sein wissenschaftliches Proprium zu vermitteln. Möglicherweise ist im Zuge einer ordnungsökonomischen Synthese – Euckens wirtschaftspolitische Grundsätze kombiniert mit Hayeks Evolutorik und angereichert mit semantischer Reverenz an die Väter der Sozialen Marktwirtschaft – einiges an Kontur verloren gegangen. In diesem Sinne beinhaltet die folgende Erinnerung auch den Hinweis auf die Kontroversen, Bruchlinien und Unvereinbarkeiten zwischen den unterschiedlichen Richtungen der Ordnungstheorie, die mit der unterschiedlichen Sichtweise auf die Soziologie verbunden sind.[1]

Immerhin war es der Anspruch einiger ordnungsökonomischer Klassiker, einen *soziologischen Neoliberalismus* zu begründen, bei dem die sozialpolitische Kompetenzzuweisung an den Staat nur Konsequenz einer methodischen und in-

---

* Für hilfreiche Hinweise und Kritik danke ich den Teilnehmer/-innen der Tagungen in Budapest und Wittenberg.

1 Vgl. aus dem jüngsten Methodenstreit insbesondere Goldschmidt et al. (2009), die die Ordnungsökonomik explizit als „sozialwissenschaftliches Forschungsprogramm" vorstellen, „das wirtschaftliche Fragen als Teilfragen des gesamten gesellschaftlichen Lebens ansieht".

haltlichen Erweiterung der Ökonomik ist. In besagtem ordnungsökonomischen Mainstream wird allerdings die Problematik auf die „soziale Frage“ verengt:

- Die verfassungsökonomischen Neufassungen betrachten etwa die Legitimation der Sozialpolitik. Die alte Einsicht, dass die mögliche Wohlfahrtskreation in einer funktionierenden Marktwirtschaft viel zur Entschärfung sozialpolitischer Probleme beiträgt, wird nun aus den konstitutionellen Präferenzen der Verfassungsbürger hergeleitet. Soweit die Verfassungsbürger durch intensive ordnungsökonomische Politikberatung aufgeklärt und alle Wahrnehmungsfehler hinter sich gelassen haben, kann die Möglichkeit der „Ordnungspolitik als Sozialpolitik“ als Musterbeispiel freiwilliger „orthogonaler Positionierung“ aufgezeigt werden.[2]
- Die Beiträge zum Systemwettbewerb speisen sich, was sowohl das dynamische Wettbewerbsverständnis als auch die Vorstellungen zum Wandel von Institutionen anbelangt, aus der Ideenwelt Hayeks. Wie dieser lassen jene dann die soziale Frage (als sozialpolitisches Problem) häufig im Bereich des Unbestimmten und potenziell Verdächtigen.

Im Folgenden wird zuerst das ganze Spektrum der „sozialen Frage“ im soziologischen Neoliberalismus kurz rekapituliert. Sodann soll nachgewiesen werden, wie eng dieser Neoliberalismus tatsächlich an einem Klassiker der Soziologie argumentiert. Freilich wird dabei nicht nur theoriegeschichtliche Entdeckerfreude geteilt: Die Darstellung der Ordnungstheorie à la Durkheim lässt nämlich auch neue Ansatzpunkte für die Ordnungspolitik erkennen. Folgt man meiner These der großen inneren Verwandtschaft zwischen den Vertretern der Sozialen Marktwirtschaft und Durkheim, so gerät unvermittelt der Anti-Durkheimianer Hayek in den Blick. Angesichts unvereinbarer Positionen zur Rolle der Soziologie für die Ökonomie muss schließlich gefragt werden, ob sich die verschiedenen Klassiker dem Versuch einer großen „ordnungsökonomischen Synthese“ nicht doch entziehen. Eine solche Inkommensurabilität muss für das ordnungsökonomische Programm keineswegs tragisch sein: Wenigstens teilweise kann es dann neue interdisziplinäre Anknüpfungspunkte finden.

2. Soziologischer Neoliberalismus I: Gesellschaftsdiagnose und -konzept der Ordnungstheorie

Die Erneuerung und Ergänzung des klassischen Liberalismus durch die frühe Ordnungstheorie unter dem – damals noch ganz unverfänglichen – Rubrum des Neoliberalismus geht von zwei Beobachtungen aus.

- Erstens wird eine „Krisis des Kapitalismus“ (Eucken 1932) diagnostiziert, die mit „staatlichen Strukturwandlungen“ dergestalt verbunden ist, dass sich

2 Vgl. dazu auch den Beitrag von Pies in diesem Band.

beide gegenseitig immer weiter verstärken. Der liberale Staat hat sich, der Diagnose zufolge, zu einem Wirtschaftsstaat gewandelt, der unter dem Vorwand, dem Gemeinwohl durch immer weitergehende wirtschaftspolitische Interventionen zu dienen, tatsächlich zu einem von Partikularinteressen dominierten „schwachen" Staat geworden ist (Eucken 1932, S. 305 ff.; ders. 1990, S. 180 ff.; Röpke 1979b, S. 185 ff.). Dieser strukturell veränderte Staat verschärft durch das Übermaß an Interventionen die wirtschaftliche Krise weiter, wobei der Neoliberalismus – im Gegensatz zum Staatsideal des klassischen Liberalismus – einen begrenzten Bedarf an staatlichen Interventionen sieht. Doch solange keine wirksame Begrenzung für die Staatstätigkeit besteht, folgt der schwache Staat der ständig steigenden Nachfrage nach Interventionen. *Begrenzter potenzieller Bedarf* an Interventionen und *aktuell überschießende Nachfrage* danach resultieren daraus, dass sich

- zweitens die Gesellschaftsordnung insgesamt im Umbruch befindet. Durch die Auflösung gewachsener Bindungen und Werte – also informeller Institutionen – entsteht ein Regelungsvakuum, dessen Ausfüllung in Form von staatlichen Interventionen erhofft wird. Das Forschungsprogramm des „soziologischen Liberalismus" (Röpke 1979b, S. 24, S. 87 f.)[3] will dann die formellen Institutionen bestimmen, die tatsächlich in staatliche Kompetenz fallen, und deren Ausgestaltung einerseits Wirtschafts- und Staatsordnung funktionsfähig erhalten, andererseits aber auch auf die soziologische Herausforderung einer modernen Volkswirtschaft antworten soll. Die Ursache dieser Herausforderung wird im technischen Fortschritt gesehen. Die ordnungspolitische Aufgabe ist es, die Staats- und Wirtschaftsordnung angesichts dynamischen (technischen) Wandels zu bestimmen (Böhm 1960, S. 146; ders. 1954, S. 71 ff.; Miksch 1949, S. 317 ff.). Im Schnittpunkt von wirtschaftlicher Krise und gesellschaftlichem Umbruch steht dann die „soziale Frage", als die sozialpolitisch relevante Facette eines umfassenden staatlichen Regelungsbedarfs.

Die ordnungspolitische Lösung, die der Ordoliberalismus und die Konzeption der sozialen Marktwirtschaft formulieren, zielt demnach auf eine Neubestimmung staatlicher Aufgaben, die

- einerseits die wirtschaftspolitischen Eingriffsoptionen des Staates in einer freiheitlichen Wettbewerbswirtschaft begrenzt und einen von partikularem Interesseneinfluss freien, „starken" Staat gewährleistet, der diese Begrenzungen respektieren kann. Die Einzelheiten dieses maßgeblich von Walter Eucken ausgearbeiteten ordnungspolitischen Entwurfs der Wettbewerbsordnung werden hier nicht weiter thematisiert. Das ordnungspolitische Leitbild der

3 Ähnlich auch Müller-Armack (1976, S. 104 ff.); Röpke (1979a, S. 51); Rüstow (1950, S. 50 ff.). Vgl. auch Becker (1965).

sozialen Marktwirtschaft hat das Ziel, „das Prinzip der Freiheit auf dem Markt mit dem sozialen Ausgleich zu verbinden“ (Müller-Armack 1976, S. 243). Die entscheidende argumentative Wendung, welche die Ordnungspolitik für die sozialpolitische Kompetenz vollzieht, besteht darin, einen Ausweg aus der scharfen Gegenüberstellung von Freiheit und sozialer Gerechtigkeit zu weisen, indem betont wird, der Kontrast zwischen „frei“ und „sozial gerecht“ verliere in einer Wettbewerbswirtschaft viel von seiner Schärfe (Pies 2000, S. 326). Die sozialen Fehlentwicklungen werden, wie geschildert, zu einem wesentlichen Teil institutionellen Mängeln in der Folge der „Strukturwandlungen des Staates“ zugerechnet.[4] Die ordnungspolitische Sicherung des Wettbewerbs ist demnach bereits Sozialpolitik: Ordnungspolitik als Sozialpolitik.[5] Die darüber hinausgehende „spezielle Sozialpolitik“ (Eucken 1990, S. 313) ist zwar notwendig, aber schließlich auch mit der Sicherung der Funktionsbedingungen der Marktwirtschaft verknüpft, da nur „durch die marktwirtschaftliche Leistung … sozialer Fortschritt“ dauerhaft gesichert sei und „ein vielgestaltiges und vollständiges System des sozialen Schutzes errichtet werden“ könne (Müller-Armack 1976, S. 245).[6]

- Andererseits wird dem Staat eine gesellschaftspolitische Kompetenz zugesprochen. Neben der Sicherung einer Wettbewerbsordnung und auch nach der sozialpolitischen Lösung der sozialen Frage hat der Staat eine umfassende integrative Aufgabe, soweit die gesellschaftliche Integration nicht mehr allein durch informelle Institutionen gewährleistet ist. Ja mehr noch: Die gesellschaftliche Integration muss nach der Diagnose der Vertreter der sozialen Marktwirtschaft gegen die Wettbewerbswirtschaft verteidigt werden, denn diese sei nicht fähig „die Gesellschaft als Ganzes zu integrieren, gemeinsame Haltungen und Gesinnungen, gemeinsame Wertnormen zu setzen, ohne die eine Gesellschaft nicht existieren kann. Sie zehrt an der Substanz geschichtlicher Bindungskräfte und stellt den einzelnen in eine oft schmerzvoll empfundene Isolierung. (…) Sie bedarf der Ergänzung durch eine Gesellschaftspolitik“ (Müller-Armack 1976, S. 235). Diese gesellschaftspolitische Kompetenz wird letztlich anthropologisch begründet, nämlich dadurch, dass sich die „vollständige Natur des Menschen“ nicht in der marktwirtschaftlich gesicherten und sozialpolitisch ergänzten Befriedigung materieller Bedürfnisse er-

4 Vgl. Eucken (1932, S. 307; 1990, S. 180 ff., S. 193); Röpke (1979b, S. 185 ff.).

5 Eucken (1990, S. 313): „Richtig verstandene Sozialpolitik ist universaler Art. Sie ist identisch mit der Politik zur Ordnung der Wirtschaft und der Wirtschaftsverfassungspolitik.“

6 Es sei entscheidend, so Eucken (1990, S. 313 f.), dass spezielle Sozialpolitik „ebenfalls im Sinne der ordnungspolitischen Gesamtentscheidung zu erfolgen hat, wenn sie Erfolg haben will und wenn durch sie die übrige Ordnungspolitik nicht durchkreuzt und neue Formen der sozialen Frage hervorgerufen werden sollen“.

schöpfe (Müller-Armack 1976, S. 107).[7] Gesellschaftspolitik wird allerdings auch wirtschaftlich relevant, weil dadurch Voraussetzungen gesichert werden, von denen die Funktionsweise einer Marktwirtschaft abhängig ist, die jedoch nicht aus dem Wettbewerbsprozess heraus entstehen und sogar von diesem gefährdet werden.

Entscheidend für den soziologischen Neoliberalismus ist also die Berücksichtigung von „Bindungskräften", als jener Grundlage, die eine freiheitliche Ordnung und die Marktwirtschaft benötigt. Ohne mich der pessimistischen Diagnose des Wertverfalls im Einzelnen anzuschließen und ohne den Lösungskonzepten einer elitären Gesellschaftspolitik zur Re-Etablierung eines (des!) Wertekonsenses zu folgen, halte ich diese Feststellung im Hinblick auf das positive Forschungsziel der Ökonomik für fruchtbar. Auch die normativen Folgerungen der bisher betrachteten Vertreter der Ordnungstheorie halte ich nur für *allgemein* überzeugend. „Allgemein" soll hier die über die konkreten gesellschaftspolitischen Vorschläge hinausgehende Position bezeichnen, wonach eine gesellschaftliche Integration jenseits der Wirtschaftsordnung erforderlich ist.

Entscheidend ist also die Betonung der sozialen Bedingtheit individuellen Handelns bzw. der soziologischen Voraussetzungen einer ökonomischen Ordnung.[8] Der Anspruch eines „soziologischen Liberalismus" sollte m. E. ernster genommen werden, als dies üblicherweise in Expositionen zur Sozialen Marktwirtschaft geschieht. Zentraler Punkt der Kritik der frühen Ordnungstheorie an der klassisch-liberalen Ökonomie war gerade deren „Soziologieblindheit" (Röpke 1979a, S. 108), und der ordnungstheoretische Gegenentwurf weist tatsächlich erstaunliche Ähnlichkeiten mit einem soziologischen Klassiker auf, der bislang offenbar weitgehend vernachlässigt wurde. Die Parallelen der Ordnungstheorie zu Durkheim lassen im Übrigen den Unterschied zu Hayek[9] mit besonderer Deutlichkeit erkennen.[10]

---

7 Vgl. zum möglichen Umfang der Gesellschaftspolitik Müller-Armack (1976, S. 235 ff.). Zu Ziel und Umfang der vergleichbaren „widergelagerten Gesellschaftspolitik" siehe Röpke (1979a, S. 85 ff.); zur „Vitalpolitik" vgl. Rüstow (1963, S. 181 ff.).

8 „Die Marktwirtschaft bedarf also eines festen Rahmens, den wir der Kürze halber den *anthropologisch-soziologischen Rahmen* nennen wollen." Siehe Röpke (1979a, S. 83).

9 Wohlgemerkt, der Unterschied bei diesem Aspekt. Freilich fehlt diese grundlegende Unterscheidung in kritischen Vergleichen (Streit/Wohlgemuth 2000); Studien zur Vereinbarkeit oder Versuche einer ordnungstheoretischen Synthese sind dagegen zahlreich; vgl. nur Geue (1998) oder Pies (2001).

10 Interessanterweise gibt es einige wenige Arbeiten, die sich der Kontrastierung der Ordnungstheorien Durkheims und Hayeks widmen, vgl. Sabel (1997b), Birner/Ege (1999), Birner (2002).

3. Soziologischer Neoliberalismus II: Zu den soziologischen Wurzeln

Übereinstimmung besteht bereits bei der Diagnose der jeweiligen Gegenwarten als „Krisenzeit". Gegen die politische Instabilität und die wirtschaftliche Anomie der Dritten Republik stellt Durkheim das Ziel einer „gerechten Sozialordnung" (Müller 1983, S. 20), zu deren Verwirklichung eine (neue) Sozialwissenschaft erforderlich ist, die die moralischen Bedingungen und institutionellen Voraussetzungen erforscht, welche „die gesellschaftliche Integration und die Überwindung von anomischen Zuständen ermöglichen" (Beckert 1997, S. 105). Durkheims Soziologie ist somit zugleich Wissenschaft der Moral und institutionelle Theorie (der Wirtschaft) – sie ist *normative Ordnungstheorie*. Wirtschaftliches Geschehen wird vor allem daraufhin untersucht, welche Institutionen erforderlich sind, damit „pathologische" Zustände vermieden werden können. Die erforderlichen Institutionen werden also gemäß ihrer normativ vorausgesetzten Funktion bestimmt, was weiterhin politische Reformen anleiten kann.

Durkheims Studie über soziale Arbeitsteilung dient, unter diesem Blickwinkel, dazu, die normale Form aus den vielfältigen historisch nachweisbaren pathologischen Formen der Arbeitsteilung herauszuschälen. Ohne auf die Kontroverse über Durkheims verengte Sicht der Marktkoordination einzugehen,[11] bleibt festzuhalten, dass er die Bedeutung von Konkurrenzprozessen durchaus anerkennt. Freilich legt er bei der Frage, welche Bedeutung moralische Integration bzw. „Solidarität" für das Wettbewerbsgeschehen haben, das Gewicht eindeutig auf die moralische – und für ihn zugleich soziologische – Komponente. Das Verhältnis zwischen beiden bleibt aber ein komplementäres: „Die Rolle der Solidarität besteht nicht darin, die Konkurrenz zu unterdrücken, sondern diese zu mäßigen" (Durkheim 1992, S. 434). Die in modernen Wettbewerbswirtschaften wirksame Spannung ist genau diejenige zwischen technischem Fortschritt, dem „raschen Tempo des Wandels" (Eucken 1990, S. 23) und dem dadurch hervorgerufenen „Zusammenbruch der überkommenen Lebensordnungen" (Eucken 1932). „Wenn man Fortschritt und Verbesserung aufs Schild hebt, wird das also immer Hand in Hand gehen mit einem gewissen Grad von Anomie" (Durkheim 1983, S. 430). Jenseits des tolerierbaren Ausmaßes hat *Anomie* – als *eine Form pathologischer Arbeitsteilung* – aber jene desintegrierenden Auswirkungen, die eine bewusste Gestaltung einer „gerechten Sozialordnung" (Müller 1983, S. 20) bzw. einen „neuen Gerechtigkeitsstandard" (Beckert 1997, S. 178) erforderlich machen. Diese Ordnung beinhaltet auch – was aus der *zweiten pathologischen Form*, der *erzwungenen Arbeitsteilung* resultiert – Chancengleichheit und die Beseitigung ungleicher Machtverteilung (Durkheim 1992, S. 294, S. 443 ff.).[12]

---

11 Vgl. dazu eingehend Schmid (1989), Joas (1996, S. 92) sowie Corning (1982, S. 366).

12 Zu den ordnungspolitischen Vorstellungen bezüglich einer Sozialpolitik als Sicherung der Chancengleichheit vgl. Rüstow (1950, S. 96 f.), Müller-Armack (1976, S. 276 f.) und

Nach dieser knappen Entwicklung der „Ordnung der Wirtschaft" *à la* Durkheim stellt sich die ordnungspolitische Anschlussfrage: „Wer soll diese Ordnung verwirklichen?" (Eucken 1990, S. 325). Auch Durkheim (1992, S. 71) hat angesichts der politischen Realitäten seiner Zeit Vorbehalte gegen eine unbedingte Kompetenzzuweisung an den Staat. Dabei wendet er sich (1992, S. 428) gegen eine gleichsam prozesspolitische Lösung – „Die Regierung kann nicht jeden Augenblick die Bedingungen der verschiedenen Wirtschaftsmärkte regeln, die Preise der Dinge und Dienste fixieren, die Produktion an die Bedürfnisse des Verbrauchers anpassen usw." –, deutet bei seiner Kritik staatlicher Allzuständigkeit aber bereits eine anders nuancierte „Ordnungspolitik" an: „Eine Gesellschaft, die aus einer Unmasse von unorganisierten Individuen zusammengesetzt ist und die sich ein Überstaat bemüht zusammenzuhalten, ist ein wahres soziologisches Monstrum" (Durkheim 1992, S. 71).

Die Integration der unorganisierten Individuen gelingt für Durkheim nicht nur durch die Institutionen der Privatrechtsgesellschaft mit flankierender Sozialpolitik, die dann eine Selbstorganisation ermöglichen sollten. Der Mangel an Integration unorganisierter Individuen erfordert Organisation.[13]

Durkheims Position zwischen der freien Konkurrenz in und der direkten staatlichen Lenkung der Wirtschaft fordert die Etablierung intermediärer Organisationen, die jene institutionelle Absicherung normaler Arbeitsteilung bewerkstelligen, die weder Staat noch Markt leisten können. Als diese Intermediäre stellt sich Durkheim Berufsgruppen und -körperschaften vor, deren genaue Form und Ausgestaltung allerdings vage bleiben (Meier 1984). Ihre entscheidende Funktion ist die Etablierung zusätzlicher Regeln bzw. die Vereinbarung von „Regulationen", die schließlich die Freiheit erst ermöglichen:

> „Um diesen Zustand der Regellosigkeit zu rechtfertigen, macht man vergebens geltend, dass er den Aufschwung der individuellen Freiheit begünstigt. Nichts ist falscher, als zwischen der Autorität der Regel und der Freiheit des Individuums einen Widerspruch herstellen zu wollen. Im Gegenteil: die Freiheit … ist nachgerade das Ergebnis von Regulationen" (Durkheim 1992, S. 43).

Die Pointe bei Durkheim ist nun ebenfalls die Aufhebung der Spannung zwischen der Freiheit (und Bindungslosigkeit) der Wettbewerbswirtschaft und dem Ziel der Gerechtigkeit, das mit einer solidarischen Ordnung gewährleistet werden soll: Ist die *normale* Form der Arbeitsteilung hergestellt und institutionell

---

Eucken (1990, S. 319). Hinsichtlich der Vermögenspolitik bestehen Parallelen besonders zwischen Durkheim und Rüstow. Allerdings wird die vermögenspolitische Kompetenz bei Durkheim immer stärker zugunsten der sozialorganisatorischen Lösung (Berufsgruppen) in den Hintergrund gedrängt (Beckert 1997, S. 181 ff.).

13 Dazu Durkheim (1992) eingehend im umfangreichen Vorwort zur zweiten Auflage der *Sozialen Arbeitsteilung*.

abgesichert, so wird dabei Solidarität nicht nur vorausgesetzt, sondern auch produziert:

> „Les services économiques qu' elle [la division du travail, S.O.] peut rendre sont peu de chose à côté de l'effet moral qu'elle produit, et sa véritable fonction est de créer entre deux personnes ou plusieurs personnes un sentiment de solidarité" (Durkheim 1893, S. 19).[14]

4. Hayeks Ordnungstheorie als Anti-Soziologie?

Vermutlich als direkt darauf gerichtete Entgegnung (Birner/Ege 1999)[15] formuliert Hayek (1949, S. 14) die Gegenthese:

> "All the possible differences in men's moral attitudes amount to little, so far as their significance for social organization is concerned, compared with the fact that all man's mind can effectively comprehend are the facts of the narrow circle of which he is the center; that, whether he is completely selfish or the most perfect altruist, the human needs for which he *can* effectively care are an almost negligible fraction of the needs of all members of society."[16]

Damit ist die „Tatsache unabänderlichen Unwissens konkreter Umstände" angesprochen, jene „konstitutionelle Unwissenheit" (Hayek 1969, S. 171), die am Anfang seiner Hinwendung zur Sozialphilosophie und im Zentrum seiner Kritik der „formalen Wirtschaftsanalyse" steht (Hayek 1976). Fraglich ist allerdings, inwieweit diese Kritik an der Gleichgewichtsanalyse von Marktprozessen sich gegen die Argumentation einer dem Marktgeschehen vorgelagerten gesellschaftlichen Integration verfängt.[17]

---

14 Allerdings verfolgt Durkheim den Gedanken, inwieweit bereits *innerhalb* eines nicht durch zusätzliche Regulationen eingefassten Marktsystems „antagonistische Kooperation" (Kliemt 1986) möglich ist, trotz zahlreicher Andeutungen nicht konsequent weiter. Dies wird insbesondere bei Durkheim (1983) deutlich.

15 Vgl. Birner (2002, S. 46): "Both the content and the phrasing … (for instance, amount to little' is an almost literal translation of Durkheim's 'peu de chose') strongly suggest that this is a direct reaction to Durkheim."

16 An anderer Stelle stellt Hayek (1979, S. 43 f.) die Existenzberechtigung der Soziologie insgesamt infrage: „So dankbar wir alle für manche Ergebnisse der deskriptiven Arbeit der Soziologen sein müssen – für die jedoch vielleicht die Anthropologen und Historiker gleich geeignet gewesen wären –, so scheint mir doch, dass eine theoretische Disziplin der Soziologie ebensowenig gerechtfertigt ist, wie es eine theoretische Disziplin der Naturologie wäre, zusätzlich zu jenen theoretischen Disziplinen, die sich mit bestimmten Arten natürlicher und sozialer Phänomene befassen."

17 Vgl. schon Smith (1976, S. 687 [IV.ix.51]): "Every individual, it is evident, can, *in his local situation*, judge much better than any statesman or lawgiver can do for him." Hayek kann sich also mit Recht auf den Smith des *Wohlstands der Nationen* berufen. Die von

Hayek wendet sich bei seiner Erweiterung der formalen Wirtschaftsanalyse gegen die Annahme der vollständigen Voraussicht und des unbeschränkten Wissens über alle relevanten Umstände. Da somit der Raum der zur Wahl stehenden Handlungsoptionen nicht vollständig bekannt ist, wird eine Optimierung unmöglich. Durch die Betonung der Fragmentarität und Fehlbarkeit menschlichen Wissens wird notwendig eine entscheidungslogische Version der Ökonomie abgelehnt, und zur zentralen Fragestellung der Ökonomie wird es, „wie es zustande gebracht werden kann, dass soviel wie möglich von den verfügbaren Kenntnissen genutzt wird“ (Hayek 1976, S. 126).

In Hayeks ordnungstheoretischem Programm stellt sich also zuerst die Frage nach der individuellen Verwertung des Wissens, sodann nach der Möglichkeit einer aus individuellen Handlungen erwachsenden Ordnung und schließlich die Frage nach der Leistungsfähigkeit einer Ordnung im Hinblick auf die „Verwertung des Wissens in der Gesellschaft“.

1. Die individuelle Anpassung des Menschen an seine Umgebung gelingt durch das Befolgen von Regeln. Denn derartige Regeln verkörpern nach Hayek mehr Erfahrung und mehr Wissen als jemals einem einzelnen Verstand zugänglich sein könnte (Hayek 1981, S. 138; ders. 1969, S. 82, S. 86).
2. Fraglich ist nun, wie aus den individuellen Handlungen ein „Beziehungssystem von Tätigkeiten“ (Hayek 1979, S. 27) bzw. eine „Handelnsordnung“ (Hayek 1969, S. 146 f.) entsteht. Über die Koordination wirtschaftlichen Handelns hinaus ist damit das „klassische“ Ordnungsproblem der Möglichkeit von Gesellschaft aufgeworfen: „... wie eine solche Ordnung der vielfältigen Tätigkeiten von Millionen von Menschen entsteht und hervorgebracht werden kann, ist das Kernproblem der Sozialtheorie.“[18] Hayeks Antwort: Die *allen Menschen gemeine Regelorientierung* des Handelns erlaube eine „spontane Ordnung“ durch die Bildung verlässlicher Erwartungen über die Handlungsbeiträge der Mitmenschen (Hayek 1991, S. 193; ders. 1969, S. 164).
3. Doch ist die Hayek'sche Lösung des Ordnungsproblems durch die nicht autoritative, spontane Koordination von individuellen Handlungen nur eine der „Zwillingsideen von spontaner Ordnung und Evolution“ (Hayek 1969,

---

mir aufgeworfene Frage lässt sich dann auch so pointieren, dass untersucht wird, ob Hayek die von Smith (1982) in seiner *Theorie der moralischen Gefühle* geschilderten Voraussetzungen der unsichtbaren Hand vernachlässigt hat (Birner 2002). Für die Smith'sche *sympathy* spielt aber jene Fähigkeit zur intersubjektiven *imagination* eine Rolle, die später auch in phänomenologischen und pragmatischen Ansätzen zur Handlungstheorie von Bedeutung ist; vgl. dazu Joas (1996, S. 270 ff.). Zum „Adam-Smith-Problem“, das in der vermuteten Unvereinbarkeit der beiden Smith'schen Hauptwerke besteht, zusammenfassend Meyer (2000).

18 Hayek (1969, S. 32), dort weiter: „...und der Sozialpolitik“, wie mit Blick auf den Ordoliberalismus hinzugefügt wird.

S. 128). Mit dem Gedanken der Evolution beantwortet Hayek (1976, S. 126) die Frage, „welche institutionellen Vorkehrungen notwendig sind, damit die unbekannten Personen, deren Wissen sich für eine bestimmte Aufgabe besonders eignet, am sichersten zu jener Aufgabe hingeführt werden". Diese Zwillingsideen beantworten also die Frage nach der „Verwertung des Wissens in der Gesellschaft". Die Beziehung ist eine doppelte: Einerseits sind die institutionellen Vorkehrungen selbst (überwiegend) das Produkt eines Evolutionsprozesses, andererseits bietet eine spontane Ordnung nicht nur Gewähr für die bestmögliche Nutzung des relevanten Wissens, sondern vor allem für die Schaffung und Nutzung neuen Wissens durch die Akteure.

An diese, hier nur in den Grundlinien dargestellte Konzeption, lassen sich nun Fragen richten, die zum einen Hayeks eigenen Anspruch einer Wissensökonomik betreffen und weiterhin die damit verbundenen normativen Schlussfolgerungen.

1. Die Frage, „wieso die Daten im subjektiven Sinn mit den objektiven Daten je zur Übereinstimmung gelangen" (Hayek 1976, S. 57) und damit ein Gleichgewicht erreicht werden kann, mit dem Verweis auf Regeln und Institutionen zu beantworten, beseitigt einen Teil des Problems ingeniös. In Fortsetzung des Hayek'schen Ansatzes müsste auch die Subjektivität der Wahrnehmung von Institutionen konzediert werden.[19] *Dann ist aber das Intersubjektivitätsproblem mit der Einführung der institutionellen Ebene nicht gelöst, sondern nur verschoben.* Dies ist ein Einwand, der notabene innerhalb derselben ökonomischen Schule erhoben werden kann. Der Stoßseufzer Ludwig Lachmanns (1994, S. 283) betrifft den eigentlich damit angesprochenen ökonomischen Neo-Institutionalismus genauso wie den Mit-Österreicher Hayek; das Problem bei der ökonomischen Analyse von Institutionen sei: *"... nobody asks questions of their meaning."*[20]
2. Vor diesem Hintergrund wird die Sicherheit erschüttert, mit der Hayek von spontaner Ordnungsbildung, etwa als Marktordnung oder Katallaxie, ausgeht. Es müssen dann noch weitere Mechanismen angegeben werden, die imstande sind, das Problem der Intersubjektivität zu lösen.[21]

---

19 Zu Normen (bzw. Institutionen) als subjektiven und kreativ interpretierbaren „Daten" vgl. die Argumentation bei Okruch (1999, S. 148 ff). Neuerdings auch Burczak (2002).

20 Seit 1990, dem Erstveröffentlichungsdatum des Beitrags von Lachmann, dürfte dieses Defizit der (Neuen) Institutionenökonomik zumindest erkannt worden sein, was sich insbesondere an den Arbeiten des „späten" North zeigt; vgl. schon programmatisch North (1992, S. 30, Punkt 7); Denzau/North (1994), Knight/North (1997).

21 Lachmanns (1994, S. 282) Forderung lautet: "… a more satisfactory treatment of institutions in economics … will call for the infusion of a sizeable doze of the hermeneutic spirit."

3. Mit der exklusiven Fokussierung auf „sichere" Regeln und ihrer Bedeutung für die spontane Ordnung arbeitsteiligen Wirtschaftens folgt Hayek seinem beim „entscheidenden Schritt zur Sozialphilosophie" (Hayek 1976, S. 8) formulierten Programm nur teilweise:

> „Es gibt hier entschieden ein Problem der ‚Wissensteilung', das ganz analog und mindestens ebenso wichtig ist wie das Problem der Arbeitsteilung. Während aber das letztere seit den Anfängen unserer Wissenschaft eines ihrer Hauptuntersuchungsobjekte war, wurde das erstere völlig vernachlässigt. Obwohl es mir als das zentrale Problem der Volkswirtschaftslehre als einer Sozialwissenschaft zu sein scheint" (Hayek 1976, S. 70 f.).

Diese „Wissensteilung" bzw. „geistige Arbeitsteilung" (Mises 1932, S. 96) wurde später im Umfeld der Diskussion um Schlagwörter wie „Wissensgesellschaft", „Wissensmanagement" usw. aufgegriffen. So hat Helmstädter in einigen instruktiven Beiträgen (2001, 2000, 1999) vorgeschlagen, die Institutionenökonomik solle sich den „institutionellen Besonderheiten der Wissensteilung" zuwenden. Wissensteilung konzeptualisiert Helmstädter (2000, S. 120) als „jenen komplexen gesellschaftlichen Vorgang, der das verstreut bei den vielen selbständig handelnden Wissensträgern vorhandene und laufend erneuerte Wissen synergetisch zum Vorteil der Gesellschaft insgesamt zur Entfaltung bringt". Mit Teilung sei – wie bei der Arbeitsteilung – „die *Aufteilung* auf spezielle Aktivitäten" ebenso gemeint wie die „prozessuale *Beteiligung* an der vorteilhaften Zusammenführung". Anschließend sucht Helmstädter (2001, 1999) nach denjenigen Institutionen, die die als sozialer Interaktionsprozess verstandene Wissensteilung in solcher Weise strukturieren, dass Innovationen möglich sind. Ohne auf diese innovationspolitischen Schlussfolgerungen detailliert einzugehen, ist bemerkenswert, dass dabei neben der wettbewerblichen Wissensteilung und -nutzung die Bedeutung kooperativer *Teilhabe* an Wissen betont wird.[22] Welche Institutionen diese Aufgabe konkret übernehmen sollen, soll uns hier noch nicht interessieren, doch wird ganz grundsätzlich das Erfordernis von Organisation (der Wissensteilhabe), Integration (qua Wissensteilhabe) und Kooperation deutlich, die bei Hayek stillschweigend vorausgesetzt werden.

Wenn allerdings Hayeks positive Ordnungstheorie unvollständig ist, so erscheinen auch die auf dieser Grundlage gezogenen normativen Schlüsse in einem anderen Licht. Das Plädoyer für den isolierten Marktmechanismus ist solange nicht überzeugend, wie ungeklärt bleibt, ob die spontane Ordnungsbildung tatsächlich allein auf der Grundlage allgemeiner Regeln, wie sie Hayek auffasst, gelingt und noch dazu die Herkunft dieser Regeln unklar ist.

---

22 Helmstädter (2000, S. 134): „Unter Wissensteilhabe ist jene Aktivität zu verstehen, die der Ausbreitung von Wissen durch Lernen und der kooperativen Nutzung disparaten Wissens zum Vorteil der Gesellschaft dient."

Bei dem ersten Problem tritt das „große Hayeksche Dilemma" (Streißler 1995, S. 21) auf, das für den „wirtschaftswissenschaftlichen Informationstheoretiker" (ebenda) darin besteht, bei der Beurteilung von wirtschaftspolitischen – also auch ordnungspolitischen Maßnahmen – ein Ausmaß von (zentralem) Wissen besitzen zu müssen, dessen Fehlen gerade das Problem bildet.[23] Bezüglich der zweiten Frage wird das Dilemma dadurch verdeckt, dass „gewachsene" Regeln immer schon das zur Koordination erforderliche Wissen enthalten sollen.

Spiegelt man also den Vorwurf der „Anmaßung von Wissen"[24] auf Hayeks wirtschaftspolitische Grundsätze zurück, so kann sein Argument „der Staat weiß nie genug" keine absolute Gültigkeit mehr beanspruchen (Streißler 1995, S. 21). Aus der Schwierigkeit, das relevante Lenkungswissen zu erlangen, kann nicht länger gefolgert werden, den Versuch, es zu gewinnen, zu unterlassen. Unter Umständen besteht dann auch die Möglichkeit, dass, wenn der Staat nicht genug weiß, andere Organisationen über ausreichend Wissen verfügen. Die Ablehnung von Organisationen als intermediären Körperschaften[25] scheint es allerdings vornehmlich zu sein, die zu Hayeks schroffer Ablehnung jeden soziologischen Arguments führen (Birner 2002, S. 45). Solche Organisationen werden von Hayek – jenseits der Familie, der „kleinen Gemeinschaften und Gruppen" (Hayek 1976, S. 36) – nur mit primitiven Horden in Verbindung gebracht, was es gleichzeitig erlaubt, jede Form intermediärer Organisation als „atavistisch" zu verdächtigen (vgl. Hayek 1978, S. 57 ff.) oder nur als Ersatz für den Marktmechanismus zu begreifen.[26] Damit werden solche Organisationen auch nicht als Quelle zusätzlicher Institutionen betrachtet, sondern nur als moralische[27]

---

23 Vgl. Hegmann (2001, S. 156 f.) sowie Mayntz (1987, S. 100) zu Vorstellungen von „Globalsteuerung durch Rahmenvorgaben": „Um solche Rahmenvorgaben machen zu können, bedürfte es wohl all des Wissens, dessen Nichtverfügbarkeit zunächst konstatiert wurde."

24 Zu diesem „Kampfbegriff" vgl. ironisch Helmstädter (2001, S. 448).

25 Am deutlichsten wird die Ablehnung (bestimmter) Intermediäre in Hayeks (1982) „den Sozialisten in allen Parteien" gewidmeten Pamphlet „Der Weg zur Knechtschaft" ausgesprochen. In differenzierteren Werken (v. a. Hayek 1991) deutet er m. E. allerdings eine konsequente Fortsetzung seiner Wissensökonomie in die Ordnungspolitik an. Zum „experimentellen Charakter" der Ordnungsentwicklung und zur Bedeutung von „Kooperation und Organisation" darin vgl. Okruch (2002).

26 Vgl. schon Mises (1980, S. 711): „In der korporativistischen Utopie wird der Markt ersetzt durch das Zusammenspiel von Korporationen, d. i. der als Körperschaften organisierten Gesamtheiten der in einem Produktionszweig tätigen Personen".

27 Vgl. Hayek (1979, S. 33, Fn. 55), wo Durkheim die Urheberschaft für die Verwechslung von „altruistisch" mit „moralisch" zugeschrieben wird. Diese Interpretation verkennt Durkheims Zugeständnis der Ordnungsbildung *durch* Konkurrenz und *innerhalb* der (normalen) Arbeitsteilung.

Zwangseinrichtungen[28] – was im Hinblick auf Durkheim sicherlich eine mögliche, aber eben nicht die einzig mögliche Interpretation ist.[29]

Diese Ablehnungshaltung hat eine wichtige Konsequenz: Zwischen der Ebene allgemeiner und abstrakter Regeln und den Einzelakten fehlt die intermediäre Ebene von Organisation und Kooperation. Zwischen dem *system of rules* und der *order of actions* fehlen Aussagen zu einer *order of actors*, zu Organisationsformen der Wissensteilung, die Hayek nur andeutet, in einem „anti-soziologischen" Reflex aber nicht weiter thematisiert. Dies ist dann der Ausgangspunkt der „ungelösten Frage" der Wissensteilung, wie sie Helmstädter erörtert, und dabei muss auf eine weitere irritierende Leerstelle hingewiesen werden. Hayeks Markttheorie teilt mit der gesamten Österreichischen Schule den Mangel, dass eine Theorie der Unternehmung darin nicht zu erkennen ist:

> "It has often been observed that Austrian economics does not feature a theory of the firm. (…) Austrians have next to nothing to say about pricing, buyer-seller relations, vertical integration and other aspects of economic organization; in other words, one of the most important constituent mechanisms of the market process, namely firm behaviour, is simply not theorized in Austrian economics" (Foss 1998, S. 152 f.).

Dieses Defizit setzt sich schließlich in den von Hayek inspirierten Beiträgen zum Systemwettbewerb fort. Wenn der Wettbewerb zwischen Regeln in Analogie konstruiert wird, fehlt jedenfalls ein bedeutendes Element für die Erklärung. Wichtiger noch: Es fehlt eine Ebene als Ansatzpunkt politischer Steuerung und für Gestaltungsempfehlungen!

Sowenig das Marktgeschehen ohne die „Wissens-integrierende Institution" (Grant 1996, S. 112) der Unternehmung zu verstehen ist, sowenig reicht es für den in Analogie konstruierten Systemwettbewerb aus, nur in der strikten Dichotomie von Befehl und allgemeinem Gesetz zu denken,[30] ohne die kollektiven Prozesse von „Kooperation und Organisation" genauer zu betrachten, die Hayek selbst bei den Prozessen der kulturellen Evolution andeutet:

---

28 Es besteht, zugegeben, eine Ambivalenz bei Durkheim, was den Zwang zur *Einrichtung* solcher Intermediäre angeht. Ihre *Wirkungen*, also die von ihnen bewerkstelligten Regulationen sind für Durkheim ohnehin *faits sociaux*, die für ihn – wie alle Institutionen – sozialen Zwang ausüben, was handlungstheoretisch nicht weiter begründet wird.

29 Gegen die Verengung der *Sozialen Arbeitsteilung* auf eine „Theorie über die gemeinschaftliche Herstellung von Kollektivgütern" (Schmid 1989, S. 635) vgl. Beckert (1997, S. 146 ff.).

30 Diese Dichotomie hat m. E. eine Entsprechung im juristischen Zweig der Freiburger Schule. Der Gegensatz von Rechtsordnung und Handelnsordnung lässt sich in die Dichotomie von Gesetz (Rahmen) und Rechtsgeschäft (Einzelhandlung) übersetzen. Mit dieser strikten Trennung war für Grossmann-Doerth (1933) dann das Problem des „selbstgeschaffenen Rechts der Wirtschaft" verbunden, das als privat erlassenes, für eine Vielzahl von Rechtsgeschäften verbindliches „Gesetz" nicht in diese Klassifikation passen wollte.

> „Der Wettbewerb ... muß im weitesten Sinne verstanden werden. Er schließt Wettbewerb zwischen organisierten und zwischen unorganisierten Gruppen ebenso ein wie den Wettbewerb zwischen Individuen. *Ihn im Gegensatz zu Kooperation und Organisation zu sehen, heißt sein Wesen mißverstehen.* Das Bemühen, gewisse Ergebnisse durch Kooperation und Organisation zu erreichen, gehört ebenso zum Wettbewerb wie die Bemühungen des Einzelnen. (...) Nur wenn ... ausschließliche Rechte verliehen werden unter der Anmaßung höheren Wissens auf seiten bestimmter Individuen oder Gruppen, verliert der Entwicklungsprozeß seinen experimentellen Charakter“ (Hayek 1991, S. 46 f.).

5. Ausblick

Das Verhältnis von Ökonomik und Soziologie ist von grundlegender Bedeutung und nicht nur ein interessantes Kapitel in der ökonomischen Theoriegeschichte. Der Röpke'sche Vorwurf der ökonomischen „Soziologieblindheit“ findet eine aktuelle Entsprechung in der Auseinandersetzung der New Economic Sociology mit üblichen ökonomischen Erklärungen.[31] Dies betrifft die ökonomische Erklärung individuellen Handelns und dessen Beeinflussung durch eine Sozialstruktur, wie sie dort unter dem Stichwort „embeddedness“ (Granovetter 1985) analysiert wurde. Zum anderen besteht ein direkter Bezug zum „Sozialkapital“[32], mit dem der Kanon der Produktionsfaktoren erweitert wurde, um zu beschreiben, wie soziale Organisationen und informelle Bindungen, die aus nicht wirtschaftlichen Motiven begründet wurden, auf die wirtschaftliche Leistungsfähigkeit einwirken. Es geht um die von Müller-Armack angesprochene Integration der Gesellschaft, um jene soziale Ordnung, die die Wirtschaftsordnung voraussetzen muss. Was allerdings bei all denjenigen, die diese ordnungspolitische Prämisse teilen – also bei Durkheim ebenso wie bei den „Vätern“ der Sozialen

---

31 Die Auseinandersetzung hat zwei Dimensionen: Zum einen geht es um die Anerkennung „schwacher Bindungen“, die in ihrer Bedeutung für die Funktionsfähigkeit eines Wirtschaftssystems von einem auf „harte“ Restriktionen beschränkten Modell übersehen werden (vgl. dazu Granovetter 1973). Nachdem solche schwachen und informellen Bindungen in institutionenökonomischen Modellen berücksichtigt wurden, richtete sich die Kritik zum anderen gegen das Modell einer isoliert ökonomischen Erklärung jeder Art von Institutionen: “The main thrust of the ‘new institutional economics’ is to deflect the analysis of institutions from sociological, historical, and legal argumentation and show instead that they arise as the efficient solution of economic problems. This mission and the pervasive functionalism it implies discourage the detailed analysis of social structure that I argue is the key to understanding how existing institutions arrived at their present state” (Granovetter 1985, S. 505). Vgl. als Arbeiten, die diesen Vorwurf gegen die NIÖ inzwischen entkräften können, grundlegend North (1992), Greif (1994, 1995). Zur Beziehung zwischen New Institutional Economics und New Institutional Sociology vgl. Lindenberg (1998).

32 Dazu grundlegend Coleman (1990) Putnam (1993), Bourdieu (1983); eine Zusammenfassung der Diskussion bietet Panther (2002).

Marktwirtschaft – als ein Defizit verbleibt, ist die schwache handlungstheoretische Fundierung dieser Grundannahme.

Was fehlt, ist ein handlungstheoretisches Fundament, das sowohl der Programmatik des soziologischen Liberalismus wie der Hayek'schen Wissensökonomik gerecht werden kann. Im Gegensatz zu einer Reformulierung der Ordnungstheorie mit den Mitteln der Neuen Institutionenökonomie (NIÖ) könnte damit von Anfang an ein *evolutorischer* Standpunkt eingenommen werden.[33] Ein solcher Standpunkt ist m. E. auch deshalb entscheidend, weil nur so das in der frühen Ordnungstheorie angelegte Programm der Erforschung dynamischer Interdependenzen zwischen Rechts- und Handelnsordnung sinnvoll weiterverfolgt werden kann. Aus der Sicht eines trotz aller Aufweichungen des Prämissenrahmens statischen Hybridmodells, wie es die NIÖ repräsentiert, ist das Ergebnis allzu leicht, dass die traditionelle Ordnungstheorie in statischer Hinsicht unpräzise sei, wogegen „die Institutionenökonomik ... fast alle Schwächen der ordoliberalen Ordnungstheorie vermeidet" (Feldmann 1999, S. 238). Ohne die Meriten der „modernen" Institutionenökonomik anzweifeln zu wollen, scheint für die Weiterentwicklung des ordnungsökonomischen Programms in seiner Gänze mehr erforderlich zu sein. Die Leistungen der NIÖ bei der Analyse des „harten" institutionellen Fundaments zugestanden, bleibt die Untersuchung des übrigen „sozialen Kitts" ein ordnungsökonomisch ebenso wichtiges Desiderat.

Die handlungstheoretische Leerstelle hat schließlich auch Konsequenzen für die Ordnungs*politik*. Denn auch für das kollektive, politische Handeln wird sich das (soziologische) Problem der Intersubjektivität nicht so oder so wegdefinieren lassen. Während eine naive – und optimistische – Steuerungstheorie den Sinnzusammenhang ingeniös wegdefiniert, indem von monolithischen Handlungseinheiten ausgegangen wird, endet ein Ansatz, der das Intersubjektivitätsproblem für prinzipiell unlösbar hält, in einem fundamentalen Steuerungsskeptizismus. Der Hayek'sche Steuerungspessimismus ist in diesem Sinne eine direkte Folge seiner „Anti-Soziologie", aber auch der Steuerungsskeptizismus Luhmanns hat einen solchen Hintergrund.[34] Hinter der autopoietischen Wendung, die Komplexitätsreduktion nur für möglich hält durch die Ausbildung je systemeigener Kommunikationscodes, steht die Grundthese, dass „es zunächst unwahrscheinlich" sei, „dass eigenes Handeln überhaupt Anknüpfungspunkte (und damit: Sinngebung) im Handeln anderer findet" (Luhmann 1984, S. 165). Da solche „Anknüpfungspunkte" nur innerhalb von Systemen gesehen werden, „ist Luhmanns Gesellschaftstheorie gerade aus der Ablehnung der Vorstellung der

33 Also nicht nur als Programmatik am Ende eines als schließlich unzulänglich erkannten Umbaus von Standardmodellen zu erweiterten bzw. aufgeweichten Hybridmodellen; vgl. sehr deutlich Furubotn (1994). Vgl. zum „cognitive turn" in seiner Institutionentheorie und zum Einfluss Hayeks auch North (1999).

34 Vgl. Luhmann (1989a, 1989b). Zur Rezeption seiner Systemtheorie in der (evolutorischen) Theorie der Wirtschaftspolitik Wegner (1993, 1996); Ebert (1999), Bode (1999).

Möglichkeit eines intersubjektiv (intersystemisch) geteilten Sinnzusammenhanges heraus entworfen" (Beckert 1997, S. 342).

Zugespitzt: Ein Liberalismus ohne das (handlungstheoretisch ausgefüllte) Attribut „soziologisch" changiert notwendigerweise zwischen den Vorstellungen der Machbarkeit (und Notwendigkeit) von Wirtschaftspolitik und ihrer Vergeblichkeit (und Unmöglichkeit). Auch für die ordnungspolitische Diskussion gilt die Beobachtung: „Die ökonomische Theorie hat sich im ständigen Wechselspiel der Strömungen einmal mit mehr der Frage der Unmöglichkeit, dann wieder mehr der mit der Frage der Notwendigkeit so mancher Wirtschaftspolitik beschäftigt. (…) [Dabei] folgt aus der besonderen Notwendigkeit wirtschaftspolitischer Maßnahmen … noch keineswegs deren erhöhte Möglichkeit" (Streißler 1993, S. 29). Für eine ordnungsökonomische Politikberatung jenseits von Steuerungseuphorie und -skeptizismus ist demnach der Vorwurf der Soziologieblindheit eine bleibende Herausforderung.

Literatur:

Becker, Helmut P., 1965: Die soziale Frage im Neoliberalismus: Analyse und Kritik. Heidelberg.

Beckert, Jens, 1997: Grenzen des Marktes: Die sozialen Grundlagen wirtschaftlicher Effizienz. Frankfurt/New York.

Birner, Jack, 2002: Moral Functionalism: Hayek and Durkheim in Perspective. In: Birner, Jack/Garrouste, Pierre/Aimar, Thierry (Hrsg.): F. A. Hayek as a Political Economist: Economic analysis and values. London/New York, S. 26–50.

Birner, Jack/Ege, Ragip, 1999: Two views on social stability: An unsolved question. American Journal of Economics and Sociology 58. S. 749–780.

Bode, Otto F., 1999: Systemtheoretische Überlegung zum Verhältnis von Wirtschaft und Politik: Luhmanns Autopoiesekonzept und seine exemplarische Anwendung auf Fragen wirtschaftspolitischer Steuerungsmöglichkeiten. Marburg.

Böhm, Franz, 1960: Der Rechtsstaat und der soziale Wohlfahrtsstaat. In: Mestmäcker, Ernst-Joachim (Hrsg.): Franz Böhm – Reden und Schriften. Karlsruhe, S. 82–150.

Böhm, Franz, 1954: Freiheitsordnung und soziale Frage. In: Weißer, Gerhard (Hrsg.): Grundsatzfragen der Wirtschaftsordnung. Berlin, S. 71–95.

Bourdieu, Pierre, 1983: Ökonomisches Kapital, kulturelles Kapital, soziales Kapital. In: Kreckel, Reinhard (Hrsg.): Soziale Ungleichheiten. Göttingen, S. 183–198.

Burczak, Theodore A., 2002: The contradiction between Hayek's subjectivism and his liberal legal theory. In: Birner, Jack/Garrouste, Pierre/Aimar, Thierry (Hrsg.): F. A. Hayek as a Political Economist: Economic analysis and values. London/New York, S. 183–201.

Coleman, James S., 1990: Foundations of Social Theory. Cambridge/London.

Corning, Peter A., 1982: Durkheim and Spencer. British Journal of Sociology 33. S. 359–382.

Denzau, Arthur T./North, Douglass C., 1994: Shared Mental Models: Ideologies and Institutions. Kyklos: Internationale Zeitschrift für Sozialwissenschaften 47. S. 3–31.

Durkheim, Emile, 1893 [1994]: De la Division du Travail Social. Paris.

Durkheim, Emile, 1992: Über soziale Arbeitsteilung. Frankfurt/Main.

Durkheim, Emile, 1983: Der Selbstmord. Frankfurt/Main.

Ebert, Werner, 1999: Wirtschaftspolitik aus evolutorischer Perspektive: Ein konzeptioneller Beitrag unter Berücksichtigung kommunaler Aufgabenwahrnehmung. Hamburg.

Eucken, Walter, 1990: Grundsätze der Wirtschaftspolitik. 6. Aufl., Tübingen.

Eucken, Walter, 1932: Staatliche Strukturwandlungen und die Krisis des Kapitalismus. Weltwirtschaftliches Archiv 36. S. 297–321.

Feldmann, Horst, 1999: Ordnungstheoretische Aspekte der Institutionenökonomik. Berlin.

Foss, Nicolai J., 1998: Austrian and Post-Marshallian Economics: the bridging work of George Richardson. In: Foss, Nicolai J. /Loasby, Brian J. (Hrsg.): Economic Organization, Capabilities and Co-Ordination. Essays in honour of G. B. Richardson. London/New York, S. 138–162.

Furubotn, Eirik G., 1994: Future Developments of the New Institutional Economics: Extension of the Neoclassical Economics or New Construct? Jena [Lectiones Jenenses/Jena Lectures, Vol. 1].

Geue, Heiko, 1998: Sind ordnungspolitische Reformanstrengungen mit Hayeks Evolutionismus vereinbar? ORDO: Jahrbuch für die Ordnung von Wirtschaft und Gesellschaft, Bd. 49. S. 141–163.

Goldschmidt, Nils/Wegner, Gerhard/Wohlgemuth, Michael /Zweynert, Joachim: Was ist und was kann Ordnungsökonomik? In: Frankfurter Allgemeine Zeitung vom 19. Juni 2009. S. 12.

Granovetter, Mark, 1985: Economic Action and Social Structure: The Problem of Embeddedness. American Journal of Sociology 91. S. 481–510.

Granovetter, Mark, 1973: The Strength of Weak Ties. American Journal of Sociology 78. S. 1360–1380.

Grant, Robert M., 1996: Toward a Knowledge-Based Theory of the Firm. Strategic Management Journal 17. S. 109–122.

Greif, Avner, 1995: Markets and Legal Systems: The development of markets in the late medieval Europe and the transition from community responsibility to an individualist responsibility legal doctrin. Stanford.

Greif, Avner, 1994: Cultural Beliefs and the Organization of Society: A historical and theoretical reflection on collectivist and individualist societies. Journal of Political Economy 102. S. 912–950.

Grossmann-Doerth, Hans, 1933: Selbstgeschaffenes Recht der Wirtschaft und staatliches Recht. Freiburg.

Hayek, Friedrich A. v., 1991: Die Verfassung der Freiheit. 3. Aufl., Tübingen.

Hayek, Friedrich A. v., 1982: Der Weg zur Knechtschaft: Den Sozialisten in allen Parteien. 5. Aufl., Landsberg am Lech.

Hayek, Friedrich A. v., 1981: Recht, Gesetzgebung und Freiheit, Band 2: Die Illusion der sozialen Gerechtigkeit. Landsberg am Lech.

Hayek, Friedrich A. v., 1978: New Studies in Philosophy, Politics, Economics and the History of Ideas. London/Henley.

Hayek, Friedrich A. v., 1979: Die drei Quellen der menschlichen Werte. Tübingen.

Hayek, Friedrich A. v., 1976: Individualismus und wirtschaftliche Ordnung. 2. Aufl., Salzburg.

Hayek, Friedrich A. v., 1969: Freiburger Studien: Gesammelte Aufsätze. Tübingen.

Hayek, Friedrich A. v., 1949 [1976]: Individualism and Social Order. Reprint London/Henley.

Hegmann, Horst, 2001: Die Verfassung einer kulturell fragmentierten Gesellschaft: Zur wissenssoziologischen Grundlegung eines verfassungsökonomisch formulierten Sozialvertrags. Marburg.

Helmstädter, Ernst, 2001: Wissensteilung: Thünen-Vorlesung bei der Jahrestagung 2000 des Vereins für Socialpolitik. Berlin 20. September 2000. Perspektiven der Wirtschaftspolitik 2. S. 445–465.

Helmstädter, Ernst, 2000: Arbeitsteilung und Wissensteilung – Zur Institutionenökonomik der Wissensgesellschaft. In: Nutzinger, Hans G./Held, Martin (Hrsg.): Geteilte Arbeit und ganzer Mensch: Perspektiven der Arbeitsgesellschaft. Frankfurt/New York, S. 118–141.

Helmstädter, Ernst, 1999: Arbeitsteilung und Wissensteilung – Ihre institutionenökonomische Begründung. In: Brödner, Peter/Helmstädter, Ernst/Widmaier, Brigitta (Hrsg.): Wissensteilung: Zur Dynamik von Innovation und kollektivem Lernen. München/Mering, S. 33–54.

Joas, Hans, 1996: Die Kreativität des Handelns. Frankfurt/Main.

Kliemt, Hartmut, 1986: Antagonistische Kooperation: Elementare spieltheoretische Modelle spontaner Ordnungsentstehung. Freiburg/München.

Knight, Jack/North, Douglass C., 1997: Explaining Economic Change: The interplay between Cognition and Institutions. Legal Theory 3. S. 211–226.

Lachmann, Ludwig M., 1994: Expectations and the Meaning of Institutions: Essays in economics. Hrsg. von Lavoie, Don. London/New York.

Lindenberg, Siegwart, 1998: The Cognitive Turn in Institutional Analysis: Beyond NIE and NIS? Journal of Institutional and Theoretical Economics 154. S. 716–727.

Luhmann, Niklas, 1984: Soziale Systeme: Grundriß einer allgemeinen Theorie. Frankfurt am Main.

Luhmann, Niklas, 1989a: Politische Steuerung: Ein Diskussionsbeitrag. Politische Vierteljahresschrift 30. S. 4–9.

Luhmann, Niklas, 1989b: Die Wirtschaft der Gesellschaft. Frankfurt am Main.

Mayntz, Renate, 1987: Politische Steuerung und gesellschaftliche Steuerungsprobleme – Anmerkungen zu einem theoretischen Paradigma. Jahrbuch zur Staats- und Verwaltungswissenschaft 1. S. 89–110.

Meier, Kurt, 1984: Emile Durkheims Konzeption der Berufsgruppen: Eine Rekonstruktion und Diskussion ihrer Bedeutung für die Neokorporatismus-Debatte. Berlin.

Meyer, Willy, 2000: Der Wohlstand der Nationen und die Moral der Wirtschaftssubjekte. ORDO: Jahrbuch für die Ordnung von Wirtschaft und Gesellschaft, Bd. 51. S. 127–167.

Miksch, Leonhard, 1949: Die Wirtschaftspolitik des Als-ob. Zeitschrift für die gesamte Staatswissenschaft 105. S. 310–338.

Mises, Ludwig von, 1980 [1940]: Nationalökonomie: Theorie des Handelns und Wirtschaftens. München [Genf].

Mises, Ludwig von, 1932: Über die Gemeinwirtschaft. 2. Aufl., Jena.

Müller, Hans-Peter, 1983: Wertkrise und Gesellschaftsreform: Emile Durkheims Schriften zur Politik. Stuttgart.

Müller-Armack, Alfred, 1976: Wirtschaftsordnung und Wirtschaftspolitik: Studien und Konzepte zur Sozialen Marktwirtschaft und zur Europäischen Integration. Bern/Stuttgart.

North, Douglass C., 1999: Hayeks Beitrag zum Verständnis des Prozesses wirtschaftlichen Wandels. In: Vanberg, Viktor (Hrsg.): Freiheit, Wettbewerb und Wirtschaftsordnung: Hommage zum 100. Geburtstag von Friedrich A. von Hayek. Freiburg/Berlin/München, S. 57–78.

North, Douglass C., 1992: Institutionen, institutioneller Wandel und Wirtschaftsleistung. Tübingen.

Okruch, Stefan, 2004: Verfassungswahl und Verfassungswandel aus ökonomischer Perspektive – oder: Die Grenzen der konstitutionenökonomischen Suche nach der guten Verfassung. In: Beckmann, Klaus/Dieringer, Jürgen/Hufeld, Ulrich (Hrsg.), 2003: Eine Verfassung für Europa. Tübingen, S. 313–324.

Okruch, Stefan, 2002: Das Elend der theoretischen Wirtschaftspolitik – gibt es einen „evolutorischen" Ausweg? In: Ötsch, Walter/Panther, Stephan (Hrsg.): Ökonomie und Sozialwissenschaft: Ansichten eines in Bewegung geratenen Verhältnisses. Marburg, S. 301–325.

Okruch, Stefan, 1999: Innovation und Diffusion von Normen: Grundlagen und Elemente einer evolutorischen Theorie des Institutionenwandels. Berlin.

Panther, Stephan, 2002: Sozialkapital: Entwicklung und Anatomie eines interdisziplinären Konzepts. In: Ötsch, Walter/Panther, Stephan (Hrsg.): Ökonomie und Sozialwissenschaft: Ansichten eines in Bewegung geratenen Verhältnisses. Marburg, S. 155–176.

Pies, Ingo, 2001: Eucken und von Hayek im Vergleich: Zur Aktualisierung der ordnungspolitischen Konzeption. Tübingen.

Pies, Ingo, 2000: Ordnungspolitik in der Demokratie: Ein ökonomomischer (sic!) Ansatz diskursiver Politikberatung. Tübingen.

Putnam, Robert D., 1993: Making Democracy Work: Civic traditions in modern Italy. Princeton.

Röpke, Wilhelm, 1979a: Civitas Humana: Grundfragen der Gesellschafts- und Wirtschaftsreform. 4. Aufl., Bern/Stuttgart.

Röpke, Wilhelm, 1979b: Die Gesellschaftskrisis der Gegenwart. 6. Aufl., Bern/Stuttgart.

Rüstow, Alexander, 1963: Hat der Westen eine Idee? In: Rüstow, Alexander, Rede und Antwort. Ludwigsburg, S. 165–189.

Rüstow, Alexander, 1950: Das Versagen des Wirtschaftsliberalismus. Zürich.

Sabel, Charles F., 1997b: Design, Deliberation, and Democracy: On the New Pragmatism of Firms and Public Institutions. In: Ladeur, Karl-Heinz (Hrsg.): Liberal Institutions, Economic Constitutional Rights, and the Role of Organizations. Baden-Baden, S. 101–149.

Schmid, Michael, 1989: Arbeitsteilung und Solidarität: Eine Untersuchung zu Emile Durkheims Theorie der sozialen Arbeitsteilung. Kölner Zeitschrift für Soziologie und Sozialpsychologie 41. S. 619–643.

Smith, Adam, 1982: The Theory of Moral Sentiments. Glasgow Edition 1976. Reprint Indianapolis.

Smith, Adam, 1976: An Inquiry into the Nature and Causes of the Wealth of Nations. Glasgow Edition. Oxford/London.

Streißler, Erich, 1995: Friedrich August von Hayek als wirtschaftswissenschaftlicher Informationstheoretiker. In: Francke, Hans-Hermann (Hrsg.): Ökonomischer Individualismus und freiheitliche Verfassung: Gedenkakademie für Friedrich August von Hayek. Freiburg, S. 15–50.

Streißler, Erich, 1993: Unmöglichkeit und Notwendigkeit der Wirtschaftspolitik als bleibendes Dilemma. Walter Adolf Jöhr-Vorlesung 1993. Hrsg. von der Forschungsgemeinschaft für Nationalökonomie. St. Gallen.

Streit, Manfred E./Wohlgemuth, Michael, 2000: Walter Eucken und Friedrich A. von Hayek: Initiatoren der Ordnungsökonomik. In: Külp, Bernhard/Vanberg, Viktor (Hrsg.): Freiheit und wettbewerbliche Ordnung: Gedenkband zur Erinnerung an Walter Eucken. Freiburg/Berlin/München, S. 461–498.

Wegner, Gerhard, 1993: Kontextsteuerung – Alternative zu Dirigismus und Laissez-Faire? ORDO: Jahrbuch für die Ordnung von Wirtschaft und Gesellschaft 44. S. 271–290.
Wegner, Gerhard, 1996: Wirtschaftspolitik zwischen Selbst- und Fremdsteuerung – ein neuer Ansatz. Baden-Baden.

Nachhaltige Politikberatung: Der Ansatz normativer Institutionenökonomik

*Ingo Pies**

Dieser Aufsatz geht der Frage nach, was die Ökonomik beitragen kann, um den neuartigen Bedarf an gesellschaftlicher Politikberatung zu decken, der aus dem Anliegen der Nachhaltigkeit resultiert. Die Argumentation gliedert sich in fünf Abschnitte, denen jeweils eine These zugrunde liegt. Diese Thesen können vorab wie folgt formuliert werden:

- Der Begriff „Nachhaltigkeit" thematisiert eine historisch neue Herausforderung. Er verleiht dem Anliegen Ausdruck, (welt-)gesellschaftliche Strukturen auf Zukunftsfähigkeit hin zu programmieren. Dieses Anliegen einer auf die Kontinuierung ihrer eigenen Entwicklungsfähigkeit hin bedachten (welt-)gesellschaftlichen Selbstorganisation verlangt nach geeigneten Institutionen und erzeugt so einen spezifischen Bedarf an Politikberatung.

- Nachhaltigkeit erfordert zum einen (welt-)gesellschaftliche (Selbst-)Steuerung: Zur Erreichung klar identifizierter Nachhaltigkeitsziele müssen die geeigneten Mittel gefunden werden. Hier kann die Ökonomik helfen, indem sie Informationen generiert und kommuniziert, die es ermöglichen, zwischen alternativen Mitteln, d. h. Anreizarrangements, die am besten geeigneten auszuwählen. Hier kommt es auf Funktionalität an: Es geht um Steuerungsbeiträge für die institutionelle Formierung und Reformierung sozialer Strukturen.

- Nachhaltigkeit erfordert zum anderen (welt-)gesellschaftliche (Selbst-)Aufklärung: In vielen Fällen gibt es noch keine klar identifizierten Nachhaltig-

---

* Dieser Aufsatz wurde ursprünglich für einen Workshop geschrieben, der vom 9.–12. September 2004 an der Andrássy-Universität in Budapest stattfand. Ziel sollte es sein, frühere Überlegungen über „diskursive Politikberatung" – vgl. Pies (2000a) und (2000b) – mit dem Gedanken der Nachhaltigkeit zu verbinden und hierbei den Stellenwert von Unternehmen zu betonen, die als Corporate Citizens aktiv an Global-Governance-Prozessen zur (welt-)gesellschaftlichen Regelfindung und Regelsetzung teilnehmen und dadurch zu möglichen Adressaten wissenschaftlicher Politikberatung avancieren. Der Text wurde zwischenzeitlich veröffentlicht als Pies (2009a). Der Wiederabdruck hier erfolgt mit freundlicher Genehmigung des metropolis Verlags. Da es sich um „work in progress" handelt, sei hier noch der Hinweis erlaubt, dass der Ansatz gegenwärtig als „ordonomisches" Forschungsprogramm ausgearbeitet wird. Vgl. hierzu Pies (2008a) sowie (2009b) und (2009c).

keitsziele, sodass eine Verständigung hierüber erst noch herbeigeführt werden muss. Dabei kann die Ökonomik helfen, indem sie Informationen generiert und kommuniziert, die es ermöglichen, sich an gemeinsamen Zielen zu orientieren und so der gesellschaftlichen Evolution eine konsensuale Ausrichtung zu geben. Verständigung gründet auf Verständnis: Es geht um Aufklärungsbeiträge für die institutionelle Formierung und Reformierung sozialer Strukturen.

- Ein solcher Ansatz nachhaltiger Politikberatung wendet sich nicht nur an Politiker, Parteien, Ministerien und Verbände, sondern primär an die Öffentlichkeit sowie insbesondere an zivilgesellschaftliche Organisationen und Unternehmen, denn das Anliegen der Nachhaltigkeit lässt sich weder auf lokaler noch auf globaler Ebene ohne – und schon gar nicht gegen – Unternehmen wirksam verfolgen. Unternehmen sind – erst recht im Weltmaßstab – die eigentlichen Promotoren nachhaltiger Entwicklung.

- Eine Politikberatung zugunsten (welt-)gesellschaftlicher Nachhaltigkeit muss konzeptionell als eine nachhaltige Politikberatung angelegt sein und folglich der veränderten Rolle der Unternehmen Rechnung tragen. Dies hat Konsequenzen für die ökonomische Ausbildung an Universitäten: Sie muss die Führungskräfte von morgen schon heute mit den Kompetenzen ausstatten, die in absehbarer Weise erforderlich sein werden, um die Probleme der Zukunft zu meistern. Tendenziell bedeutet dies: weniger Wissensvermittlung, mehr Kompetenzvermittlung! Steuerungskompetenz und Aufklärungskompetenz sind zentrale Schlüsselqualifikationen für das (welt-)gesellschaftliche Nachhaltigkeitsmanagement auf den verschiedenen Ebenen von Global Governance.

1. Nachhaltigkeit als (welt-)gesellschaftliche Herausforderung

Der Nachhaltigkeitsbegriff[1] ist eine semantische Innovation von welthistorischer Bedeutung: In der politischen Tradition des Westens war es bisher üblich, politische Probleme gesellschaftlicher Selbstorganisation unter dem Aspekt der Gerechtigkeit zu thematisieren. Man denke nur an die für die marktwirtschaftliche Orientierung wegweisende Debatte um den „gerechten Preis"[2]. Neue Probleme wie die mit der Industrialisierung des 19. Jahrhunderts verbundene „soziale Fra-

---

1 Der Nachhaltigkeitsbegriff wurde durch den Bericht der sog. Brundtlandt-Kommission prominent auf die Agenda der Weltpolitik gesetzt und hat maßgeblich die programmatische Ausrichtung des Erdgipfels von Rio 1992 sowie des Nachhaltigkeitsgipfels in Johannesburg 2002 bestimmt. Vgl. Brundtlandt (1987).

2 Vgl. dazu die von Walter Eucken betreute und noch heute lesenswerte Dissertation des späteren Kardinals Höffner (1941).

ge" wurden notfalls dadurch angegangen, dass man sie als Problem „sozialer Gerechtigkeit" thematisierte.[3] In ähnlicher Weise werden auch heute noch aktuelle Problemlagen diskutiert unter Stichwörtern wie „gerechte Weltwirtschaftsordnung" oder „Generationengerechtigkeit".[4] Vor diesem Hintergrund verweist der innovative Leitbegriff der Nachhaltigkeit auf ein neues Problem, das sich in den traditionellen Kategorien der Gerechtigkeit offenbar nicht ohne Weiteres auslegen lässt.

Nachhaltigkeit meint, die gesellschaftliche Entwicklung im globalen Maßstab auf eine langfristig tragfähige Grundlage zu stellen. Evolutionäre Sackgassen sollen vermieden werden. Dies bedeutet, die (welt-)gesellschaftliche Entwicklung auf Zukunftsfähigkeit zu programmieren. Es geht darum, für die entstehende Weltgesellschaft sicherzustellen, dass ihre Entwicklung kontinuierbar ist. Dies erfordert nicht nur Zukunftsvorsorge, sondern ein prinzipielles Offenhalten der Zukunft für Entwicklungen, die morgen wünschbar erscheinen mögen, obwohl sie heute noch nicht einmal bekannt sind. In diesem Sinne bedeutet Nachhaltigkeit das Vorrätighalten von Möglichkeiten für zukünftige Zwecke.[5]

Mit dem Nachhaltigkeitsbegriff verbinden sich mehrere Pointen: Zum einen ist „Nachhaltigkeit" der welthistorisch erste normative Leitbegriff mit wahrhaft globalem Anspruch. Mit der heuristischen Vorgabe „nachhaltiger Entwicklung" organisiert die entstehende Weltgesellschaft ihre eigene Zukunft. Zum anderen enthält der Nachhaltigkeitsbegriff eine prononcierte Langfristorientierung. Er kombiniert also eine regionale Querschnitt- und eine zeitliche Längsschnittdimension. Eine weitere Pointe besteht darin, dass der Nachhaltigkeitsbegriff dazu auffordert, oberflächliche Widersprüche zwischen Umweltschutz und Ökonomie nicht zu akzeptieren, sondern nach Lösungen zu suchen, die wirtschaftliche, ökologische und soziale Aspekte gleichberechtigt berücksichtigen. Diese „triple bottom line" verpflichtet die Politik auf einen holistischen Ansatz, der stets das Ganze der Gesellschaft im Auge behält. Die heute entstehende Weltgesellschaft möchte sich auch morgen noch ausgewogen entwickeln können. Pointiert zugespitzt geht es der Nachhaltigkeitsdiskussion nicht um die Grenzen des Wachstums, sondern um das Wachstum der Grenzen.[6]

Nachhaltigkeit ist also ein kosmopolitischer Leitbegriff für (welt-)gesellschaftliche Selbstorganisation. Hierbei ist vorausgesetzt, dass es von vornherein nicht um Planungsdirektiven für einen Weltstaat geht, sondern um heuristische Anweisungen für die als Global Governance angesetzte Suche nach und Verein-

---

3 Der Begriff wurde wohl erstmals 1840 von Luigi Taparelli in die Literatur eingeführt. Vgl. hierzu von Hayek (1976, S. 176).

4 Vgl. exemplarisch Nord-Süd-Kommission (1980) sowie Stiftung für die Rechte zukünftiger Generationen (2003).

5 In ökonomischer Rekonstruktion geht es um das Vermeiden von Endspielen. Vgl. dazu Suchanek (2006).

6 Diese Formulierung erfolgt in Anspielung auf Meadows u. a. (1972).

barung von Regeln, die auf breiter Front jene letztlich individuellen Verhaltensänderungen hervorrufen, die für eine gemeinsame globale Zukunft erforderlich sind. Für eine informierte Suche sind zahlreiche Wissenschaftsdisziplinen gefordert. Die Naturwissenschaften können neue Technologieoptionen eröffnen und frühzeitig auf etwaige Gefahren des eingeschlagenen Entwicklungspfades aufmerksam machen (Beispiel: Klimawandel), während die Sozialwissenschaften für Selbstbeobachtung und Selbstreflexion der modernen Gesellschaft sorgen. Insofern verbindet sich mit dem Nachhaltigkeitsbegriff ein ausgesprochen interdisziplinäres Forschungsprogramm, bei dem zahlreiche Wissenschaften zusammenarbeiten müssen, um ihre je spezifischen Perspektiven und Spezialisierungen arbeitsteilig einzubringen. Im Folgenden geht es um den besonderen Beitrag, den die Ökonomik hier zu leisten vermag.

2. Ökonomische Politikberatung für gesellschaftliche (Selbst-)Steuerung

((1)) Die Ökonomik ist eine Theorietradition, die im 18. Jahrhundert aus der Entdeckung heraus entstanden ist, dass intentionales Handeln nicht-intendierte Effekte aufweisen kann, die für die Funktionsweise der Gesellschaft konstitutiv sind. Diese gesellschaftswissenschaftliche Erkenntnis wurde namentlich von Adam Smith und Thomas Malthus in zwei Ausprägungen entwickelt, die wir mit den Metaphern der „unsichtbaren Hand" und der „unsichtbaren Faust" bildlich vor Augen führen können. Die unsichtbare Hand beschreibt eine gesellschaftliche Aufwärtsspirale, in der sich die unbeabsichtigten Konsequenzen individuellen Verhaltens sozial günstig auswirken. Das paradigmatische Beispiel hierfür ist ein Markt, auf dem geeignete wettbewerbliche Anreize dafür sorgen, dass Unternehmer – um ihres eigenen Vorteils willen! – ihre Leistungen in den Dienst der Kunden stellen.[7] Die unsichtbare Faust hingegen beschreibt eine gesellschaftliche Abwärtsspirale, in der sich die unbeabsichtigten Konsequenzen individuellen Verhaltens sozial ungünstig auswirken. Das paradigmatische Beispiel hierfür ist eine Bevölkerungsexplosion, bei der jede Familie möglichst viele Kinder in die Welt setzt und sich damit genau so verhält, wie sie es von den anderen befürchtet – mit der Folge, dass der Lohn auf das Subsistenzniveau gedrückt wird und sich die gesamte Gesellschaft in einer Art Entwicklungsfalle befindet.[8]

Die Geschichte dieser Theorietradition weist bestimmte Eigenheiten auf (Abb.1). Zunächst startete die Ökonomik als umfassende Gesellschaftswissenschaft. Ihr Anspruch lautete: Erklärung zwecks Gestaltung. Die in der zweiten Hälfte des 19. Jahrhunderts mit der sog. marginalistischen Revolution einsetzende Mathematisierung sorgte demgegenüber für zwei Änderungen. Erstens

7 Vgl. Smith (1776, 1990).

8 Vgl. Malthus (1798, 1977).

verengte sich die Ökonomik – aufgrund einer Konzentration auf mathematisch handhabbare, d. h. quantifizierbare Größen wie Preise und Güter – immer mehr zu einer Wirtschaftswissenschaft, zu einer Wissenschaft des Bereichs Wirtschaft. Und zweitens gab sie im Zuge dieser Verengung den Anspruch des Gestaltens zunehmend auf. Die Ökonomik wurde positivistisch und enthielt sich – seit Max Webers Wertfreiheitspostulat: programmatisch – der Beschäftigung mit normativen Fragen. Die Gegenbewegung hierzu setzt erst Mitte des 20. Jahrhunderts wieder ein. Unter der Bezeichnung „ökonomischer Imperialismus" überschreitet die Ökonomik die Bereichsgrenzen und entfaltet sich wieder als umfassende Gesellschaftswissenschaft, indem sie ihre spezifische Perspektive auf Fragen des Rechts, der Geschichte, der Politik, der Familie usw. anwendet. Und zugleich wird die normative Dimension von verschiedenen Stoßrichtungen der Institutionenökonomik wiederentdeckt. Die erste Gegenbewegung verbindet sich mit dem Namen Gary S. Becker, die zweite mit dem Namen James M. Buchanan.[9]

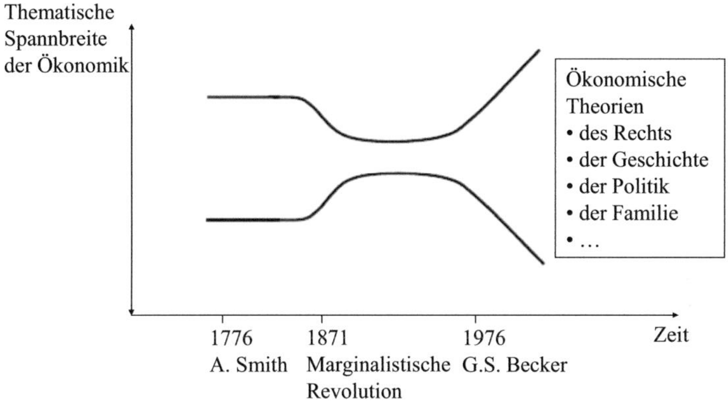

Abbildung 1: Das Themenspektrum der Ökonomik

Eine interessante Folge dieser von Kuriositäten nicht ganz freien Entwicklungsgeschichte der ökonomischen Theorietradition ist, dass die immer noch dominierende Außenwahrnehmung der Ökonomik als Wirtschaftswissenschaft vielfach

9 Vgl. hierzu ausführlich Pies (1993). Dort findet sich auch eine Rekonstruktion des Weber'schen Wertfreiheitspostulats, die zeigt, dass die positivistische Enthaltsamkeit in Bezug auf normative Fragestellungen den Intentionen Max Webers geradewegs zuwiderläuft: Webers Postulat zielte nicht auf Abstinenz, sondern auf Kompetenz im Umgang mit wertstrittigen Fragen.

gar nicht erst die Erwartung aufkommen lässt, als habe sie in Sachen nachhaltiger Politikberatung auch jenseits des Bereichs Wirtschaft etwas zu bieten. Deshalb konzentrieren sich die folgenden Ausführungen darauf, die ökonomische Methode der Reaktionsanalyse so darzustellen, dass deutlich wird, wie man hiermit einer nachhaltigen (Selbst-)Steuerung der *Gesellschaft* vorarbeiten kann.

((2)) Die ökonomische Reaktionsanalyse ist der Versuch, Akteursmodelle einzusetzen, um genuine Sozialwissenschaft zu betreiben.[10] Diese Methode lässt sich mithilfe von Abbildung 2 als mikrofundierte Makroanalyse beschreiben.

Das Verfahren der Reaktionsanalyse zielt darauf ab, methodisch kontrolliert gesellschaftliche Makrogrößen miteinander zu verknüpfen. Bei diesen Größen handelt es sich um Daten und Raten. Ihre Verknüpfung erfolgt durch die Einbeziehung der Mikro-Ebene. Auf der Mikro-Ebene wird das Verhalten eines repräsentativen Akteurs im Schema von Zielen und Mitteln ausgelegt. Dem Akteur wird verfolgen zu wollen.

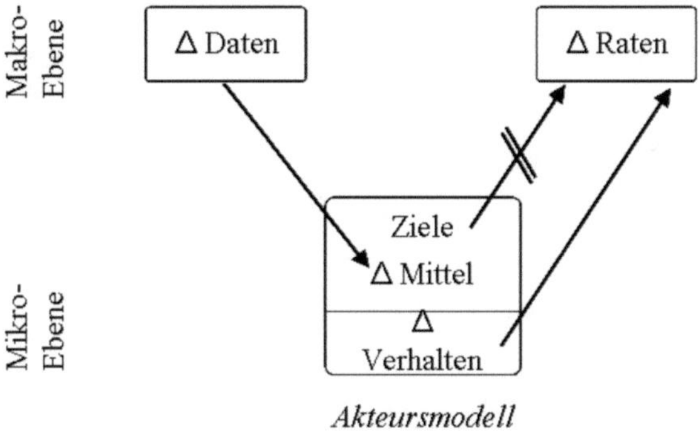

Abbildung 2: Das Verfahren mikrofundierter Makroanalyse

Daten sind Einflussgrößen auf die dem Akteur verfügbaren Mittel. Sie begrenzen den Möglichkeitenraum des Akteurs. Beispiele für solche Restriktionen sind die Naturgesetze und die gesetzlichen Rahmenbedingungen. Letztere sind besonders deshalb interessant, weil sie politisch gestaltbar sind. Raten hingegen sind die aggregierten Folgen von Verhaltensweisen, die aus zahlreichen Akteurskalkülen resultieren. Beispiele für Raten, die sich auf diese Weise ökono-

10 Hierbei kann der Akteursbegriff weit gefasst werden. Es muss sich nicht unbedingt um einen einzelnen Menschen aus Fleisch und Blut handeln. Ein Akteur im ökonomischen Sinn kann auch eine Gruppe von Personen sein, etwa ein Familienhaushalt, oder eine Organisation, etwa ein Unternehmen. Ein Akteur ist jedes soziale Konstrukt, dem man sinnvoll „individuelle“, d. h. eigene, Ziele zuschreiben kann. Vgl. z. B. Scharpf (1997).

misch analysieren lassen, sind die Arbeitslosenrate, die Heirats- und Scheidungsrate, die Geburtenrate, die Kriminalitätsrate, die Kündigungsrate, die Krankheitsrate, die Rate der Umweltverschmutzung durch Emissionen usw. Hierbei ist von besonderer Bedeutung, dass die Raten selbst nicht Gegenstand der Akteursziele sind. Ratenänderungen erfolgen aus Sicht des repräsentativen Akteurs stets nicht-intendiert.[11]

Damit lässt sich das gesamte Erklärungsverfahren der ökonomischen Reaktionsanalyse durch folgende Fragestellung kennzeichnen: Wie wirken Datenänderungen (Makro-Ebene) auf den Rationalkalkül eines repräsentativen Akteurs (Mikro-Ebene), und wie lassen sich die so ausgelösten Verhaltensänderungen (Mikro-Ebene) per Aggregation auf Ratenänderungen (Makro-Ebene) hochrechnen? – Kehrt man diese Fragestellung um, so lassen sich Gestaltungsempfehlungen herleiten: Welche Datenänderungen sind erforderlich, um jene Verhaltensänderungen herbeizuführen, die eine gesellschaftlich erwünschte Ratenänderung bewirken?

Zur Illustration: Die ökonomische Erklärung für den Klimawandel stellt darauf ab, dass zahllose Akteure – Produzenten und Konsumenten – bei der Verfolgung ihrer je eigenen Ziele das Treibhausgas Kohlendioxid emittieren und dass sich der beobachtbare Anstieg des CO_2-Anteils in der Atmosphäre als nicht-intendiertes Ergebnis einstellt. Hieraus lässt sich die Gestaltungsempfehlung herleiten, dass eine als wünschenswert angesehene Reduktion der CO_2-Emissionsrate solche Datenänderungen erfordert, die den Ausstoß von Kohlendioxid aus individueller Sicht der Akteure unattraktiver machen, weil sie den hiermit verbundenen Nutzen reduzieren und/oder die anfallenden (subjektiven) Kosten erhöhen. Hierfür kommen zahlreiche politische Maßnahmen infrage, angefangen von Emissionsverboten über staatlich administrierte Preise bis hin zur Einrichtung von Eigentumsrechten und Tauschbörsen, die für eine marktliche Bepreisung der Emissionen sorgen. Insbesondere das dritte Instrument ist am besten geeignet, jene Verhaltensanreize zu setzen, die dazu führen, dass eine bislang als kostenlos wahrgenommene Nutzung der Atmosphäre als Speicherreservoir für CO_2-Emissionen sich aus Sicht der Akteure spürbar verteuert.[12]

((3)) Für eine nachhaltige Politikberatung lässt sich die zentrale Erkenntnis der ökonomischen Reaktionsanalyse noch spezifischer zuspitzen: Es geht nicht

---

11 Unterstellt wird damit, dass niemand eine Arbeit aufnimmt – respektive jemanden einstellt –, weil er die gesellschaftliche Arbeitslosenrate reduzieren will, und dass niemand illegale Handlungen vornimmt, weil er anstrebt, die gesellschaftliche Kriminalitätsrate zu erhöhen. Niemand bekommt Kinder aus der Motivation heraus, die gesellschaftliche Geburtenrate ansteigen zu lassen. Stets sind es individuelle Ziele, die das Akteursverhalten bestimmen. Insofern fokussiert die ökonomische Perspektive auf jene gesellschaftlichen Konsequenzen eigeninteressierten Verhaltens, die sich gleichsam als unbeabsichtigte Nebenfolge einstellen.

12 Vgl. Pies (2002) sowie Hansjürgens (2005).

nur darum, die Höhe der Kosten und Nutzen so zu beeinflussen, dass der als wünschenswert angesehene Rateneffekt auftritt. Die Ökonomik kann auch noch einen Hinweis geben, wie eine solche Einflussnahme operationalisiert werden sollte. Die heuristische Suchanweisung zur Institutionalisierung nachhaltiger Politik lautet:

> *Privatisiere die Kosten und/oder sozialisiere die Nutzen, wenn aus Gründen der Nachhaltigkeit eine Ratenabsenkung als wünschenswert erscheint. Und umgekehrt: Sozialisiere die Kosten und/oder privatisiere die Nutzen, wenn aus Gründen der Nachhaltigkeit eine Ratenanhebung als wünschenswert erscheint.*

Zur Illustration: ((a)) In zahlreichen Entwicklungsländern wird die Geburtenrate immer noch als zu hoch empfunden. Hier empfiehlt die ökonomische Reaktionsanalyse, den Kindernutzen stärker zu sozialisieren und/oder die Kinderkosten stärker zu privatisieren. Ersteres kann sehr gut durch ein System sozialer Sicherung erreicht werden, das den traditionell intra-familial abgeschlossenen Generationenvertrag (Krankenversorgung, Alterssicherung) inter-familial organisiert. Zweiteres kann beispielsweise durch eine Schulpflicht erreicht werden. – ((b)) Umgekehrt wird in zahlreichen Industrieländern die Geburtenrate mittlerweile als zu niedrig empfunden. Hier empfiehlt die ökonomische Reaktionsanalyse analog, den Kindernutzen stärker zu privatisieren und/oder die Kinderkosten stärker zu sozialisieren. Ersteres kann erreicht werden durch eine Umwandlung des Ehegattensplittings in ein Familiensplitting, bei dem sich der Steuerzahler an den Kinderkosten beteiligt, zweiteres beispielsweise durch eine bessere Vereinbarkeit von Familie und Beruf.[13]

((4)) Die heuristische Suchanweisung zur Institutionalisierung nachhaltiger Politik weist den Vorteil auf, ordnungspolitisch orientiert zu sein. Sie legt nicht Interventionen nahe, sondern eine Regelsetzung, die der gesellschaftlichen Entwicklung einen neuen Korridor öffnet. Sie versteht sich selbst als Anleitung zur Prozess-Steuerung.

Diese Art der Prozess-Steuerung akzeptiert die Ziele der Akteure. Sie verändert lediglich die verfügbaren Mittel und erzeugt so Verhaltensänderungen, die für die Erreichung gesellschaftlich wünschenswerter Vorgaben in Dienst genommen werden. Es geht um eine Kanalisierung individuellen Verhaltens durch Institutionen, durch Regelarrangements, welche die Gesellschaft im Interesse ihrer eigenen Nachhaltigkeit formieren bzw. reformieren kann.

---

13 Zur ökonomischen Fertilitätstheorie, aus der solche Überlegungen folgen, vgl. Becker (1981, 1991) sowie Cigno (1991). Für eine interessante familienpolitische Anwendung vgl. Ott (1998). Konkrete Vorschläge mit aktuellem Anwendungsbezug finden sich bei Steinmann (2004).

3. Ökonomische Politikberatung für gesellschaftliche (Selbst-)Aufklärung

Die heuristische Suchanweisung zur Institutionalisierung nachhaltiger Politik setzt voraus, dass es bereits eine Einigung über gesellschaftliche Nachhaltigkeitsziele gibt und dass nun nur noch die Richtung markiert werden muss, die implementierbare Lösungen einzuschlagen haben. Diese Voraussetzung ist in vielen Fällen nicht erfüllt. Oft ist es nicht damit getan, die gesellschaftlichen Mittel für konsentierte Nachhaltigkeitsziele aufzufinden. Zahlreiche Politikprobleme sind so gelagert, dass die Ziele selbst zur Diskussion (und Disposition) stehen. Schwieriger noch: Vielfach sind die Diskurse, in denen die (welt-)gesellschaftliche Selbstverständigung über anzustrebende Ziele organisiert ist, durch Wertstreitigkeiten gekennzeichnet.

((1)) Solche Wertstreitigkeiten bedeuten zunächst für jeden Ansatz wissenschaftlicher Politikberatung eine Verlegenheit, denn seit Max Weber ist es – zu Recht! – allgemein anerkannt, dass die Wissenschaft ihren Status als Wissenschaft einbüßt, wenn sie sich anmaßt, den Wertestreit zu entscheiden. Abbildung 3 verdeutlicht das Problem – und seine Lösung.

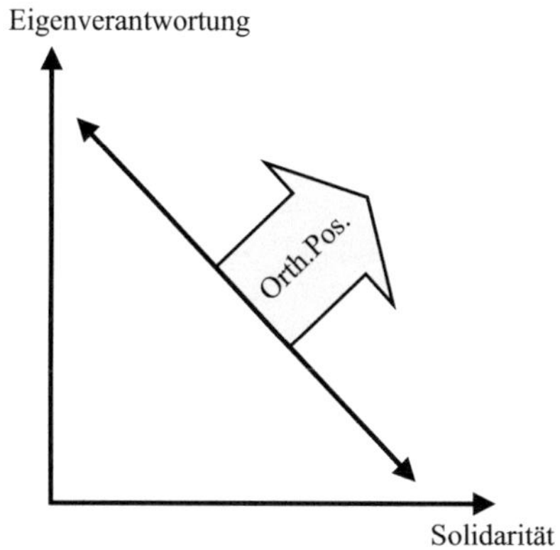

Abbildung 3: Werte-Tradeoff und orthogonale Positionierung

Eingetragen ist eine Tradeoff-Beziehung zwischen zwei Werten, dem Wert der Eigenverantwortung auf der einen Seite und dem Wert der Solidarität auf der anderen Seite. Eine wissenschaftliche Stellungnahme kann nun von vornherein nicht darin bestehen, sich einen Punkt auf der Tradeoff-Geraden als vorzugswürdig auszusuchen. Jede Entscheidung für den einen Wert ist zugleich eine Entscheidung gegen den anderen. Deshalb bleibt jeder Punkt auf der Tradeoff-Geraden prinzipiell wertstrittig.

Die Ökonomik würde ihren Status als Wissenschaft verlieren, wollte sie versuchen, den Wertestreit zu entscheiden. Wohl aber kann sie – als Wissenschaft! – versuchen, den Wertestreit aufzulösen. Dies wird durch den Pfeil in nordöstlicher Richtung symbolisiert. Er markiert eine „orthogonale Positionierung". Die wissenschaftliche Auflösung des Wertestreits besteht in dem Nachweis, dass der angenommene Tradeoff nicht bindend ist und dass es deshalb Möglichkeiten gibt, beide Werte besser zu verwirklichen, als es im Status quo bereits der Fall ist.[14]

((2)) Die ökonomische Interaktionsanalyse kann dabei helfen, orthogonale Positionierungen systematisch zu erarbeiten. Die heuristische Suchanweisung hierfür lautet:

> *Führe Wertstreitigkeiten auf den Interessenkonflikt in einem sozialen Dilemma zurück und suche sodann in diesem Konflikt nach gemeinsamen Regelinteressen.*

Dies gilt es nun in drei Schritten zu erläutern.

Erstens: Im Unterschied zur Reaktionsanalyse thematisiert die Interaktionsanalyse eine strategische Verhaltensinterdependenz zwischen rationalen Akteuren. Die Reaktionsanalyse untersucht, wie ein repräsentativer Akteur auf Datenänderungen reagiert. Die Interaktionsanalyse hingegen untersucht, wie Akteure wechselseitig miteinander interagieren.

Hierbei sind Modelle sozialer Dilemmata von besonderem Interesse. Ein soziales Dilemma ist eine Situation, in der rationale Akteure sich wechselseitig schädigen und kollektiv unter ihren Möglichkeiten bleiben. Das Potenzial einer gegenseitigen Besserstellung bleibt in der Situation eines sozialen Dilemmas unausgeschöpft. Der Grund hierfür liegt in einem institutionellen Defizit der Situation: Das paradigmatische Beispiel hierfür ist das Gefangenendilemma, in dem zwei rationale Akteure ein pareto-inferiores Nash-Gleichgewicht realisieren, weil sie keinen bindenden Vertrag miteinander abschließen können, der die Fehlanreize korrigieren würde, aufgrund deren sie eine wechselseitige Besserstellung unterlassen. Die zugrunde liegende Logik – der Begriff ist hier wörtlich gemeint: es geht um die „Logik kollektiven Handelns"[15] – lässt sich am Beispiel großer Gruppen verdeutlichen im Angesicht eines öffentlichen Gutes, dessen

---

14 Tradeoffs zwischen individuellen Zielen sind ein konstitutiver Bestandteil der ökonomischen Methode positiver Analyse. Sie trifft empirisch überprüfbare Aussagen darüber, wie Akteure – bedingt durch Datenänderungen – ihre Positionierung im Tradeoff verändern. Normativ geht es hingegen nicht um eine Positionierung *im*, sondern *zum* Tradeoff, und zwar zum Tradeoff (vermeintlich) konfligierender Werte. Diese Unterscheidung ist methodisch streng zu beachten, wenn man normativistische Fehlschlüsse vermeiden will.

15 Vgl. hierzu Olson (1965, 1985) und (1982, 1985) sowie als Überblick Pies und Leschke (1997).

Produktion unterbleibt, weil die Kombination (vollständig) privatisierter (Bereitstellungs-)Kosten und (vollständig) sozialisierter Nutzen jeden Akteur mit dem individuellen Anreiz ausstattet, eine Trittbrettfahrerposition einzunehmen. Festzuhalten bleibt: *Ein soziales Dilemma ist eine institutionell bedingte Situation rationaler Ineffizienz.*

Zweitens: Die rationale Ineffizienz eines sozialen Dilemmas stellt sich ein als nicht-intendiertes Ergebnis intentionalen Handelns. Sie resultiert daraus, dass Akteure ihre je eigenen Interessen wahrnehmen, sodass sie ihr Verhalten gerade *nicht* daran ausrichten, ob es auch dem Interesse der Gruppe entspricht. Letztlich hängt es damit von den situativen Anreizen ab, ob die Verfolgung des eigenen Interesses mit dem Gruppeninteresse harmoniert oder konfligiert.

Rationale Ineffizienz ist stets nicht-intendiert. Sie kann zudem aber auch unbewusst zustande kommen. Der Grund hierfür liegt im Phänomen *rationaler Ignoranz.*[16] Da auch die Informationsbeschaffung und -verarbeitung einem Kosten-Nutzen-Kalkül unterliegt, kann man davon ausgehen, dass rationale Akteure über ihre individuellen Spielzüge und deren vermutliche Konsequenzen für sie selbst weitaus besser informiert sind als über die Qualität und Funktionsweise alternativer Spielregelarrangements und deren Konsequenzen für die Gesellschaft.

Die rationale Ineffizienz eines sozialen Dilemmas konstituiert ein gemeinsames (Regel-)Interesse an institutionellen Anreizen, die es erlauben würden, das im Status quo nicht ausgeschöpfte Potenzial wechselseitiger Besserstellung zu realisieren. Aufgrund rationaler Ignoranz muss dieses gemeinsame Interesse aber nicht unbedingt vor Augen stehen. Vor Augen steht hingegen stets das konfligierende Interesse, das in der Situation eines sozialen Dilemmas zur wechselseitigen Schädigung führt.

Drittens: Angesichts rationaler Ignoranz ist es für die einzelnen Akteure rational, die Komplexität sozialer Konflikte nicht sozialwissenschaftlich, sondern mithilfe normativer Semantiken zu reduzieren und handhabbar zu machen. Normative Semantiken vermitteln Orientierung. Sie weisen jedoch das Problem auf – dies gilt insbesondere für Wertesemantiken –, dass sie zumindest latent ein Nullsummenparadigma favorisieren und damit einen Werte-Tradeoff auch dort nahelegen, wo rationale Ineffizienz ein gemeinsames Regelinteresse konstituiert.

((3)) Zur Illustration: ((a)) In der Bundesrepublik Deutschland stehen derzeit alle Systeme sozialer Sicherung unter einem großen Reformdruck, weil es ihnen an Nachhaltigkeit – vor allem an nachhaltiger Finanzierbarkeit – mangelt. Vielfach wird gegen die von Ökonomen empfohlenen Reformen eingewendet, die propagierte Stärkung von Eigenverantwortung führe zu einem Abbau an Solidarität. Es besteht kein Zweifel daran, dass eine solche Semantik die öffentliche –

---

16 Vgl. hierzu Olson (2000, S. 93 f.) sowie ferner den interessanten Überblick bei Caplan (2001).

und insbesondere auch die veröffentlichte – Wahrnehmung prägt. Mittlerweile wird nicht nur den Reformvorschlägen, sondern auch der Ökonomik selbst mit großen Vorbehalten begegnet.[17] Innerhalb der etablierten Wertesemantik lässt sich kaum die – ökonomisch beinahe triviale – Erkenntnis entwickeln, dass die gegenwärtige Überbeanspruchung sozialer Leistungen auf eine übermäßige Sozialisierung der Kosten zurückzuführen ist und dass das extrem unsolidarische Mittel der Rationierung nur durch eine entsprechende Privatisierung bestimmter Kosten vermieden werden kann. Zurückübersetzt in die Wertesemantik lautet dann die Quintessenz ökonomischer Funktionalitätsüberlegungen: Mehr Eigenverantwortung steht im Dienst der Solidarität. Geeignete Reformmaßnahmen führen daher nicht zu einem Tradeoff, sondern zu einer Komplementarität dieser Werte, zumal – was freilich wiederum Funktionalitätsüberlegungen erfordert, die in der Ökonomik unter dem Stichwort „Risikoproduktivität“[18] diskutiert werden – auch die Eigenverantwortung umgekehrt Solidarität voraussetzt, z. B. in Form bestimmter (Sozial-)Versicherungen. – ((b)) Der Begriff „Neoliberalismus“ reüssiert in der gegenwärtigen Globalisierungsdebatte wohl vor allem deshalb, weil das Zusammenwachsen vormals entlang nationalstaatlicher Grenzen abgeschotteter Märkte als Machtverlust der Politik und zudem – im Sinne eines Werte-Tradeoffs – als Ausweitung der Freiheit zulasten der Gerechtigkeit wahrgenommen wird. Das hier zugrunde liegende Nullsummenparadigma kommt auch darin zum Ausdruck, dass die Armut der Armen in Entwicklungsländern immer wieder auf den Reichtum der Reichen in den Industrieländern zurückgeführt wird, was dann zu moralischen Appellen für einen Ressourcentransfer von Nord nach Süd Anlass gibt. Gestützt auf solide ökonomische Erkenntnisse kann demgegenüber formuliert werden, dass die weltweit Ärmsten nicht vor Globalisierung und Marktwirtschaft beschützt werden müssen. Ganz im Gegenteil, ihr Schicksal lässt sich nur dann nachhaltig verbessern, wenn es ihnen möglich gemacht wird, sich mit ihren komparativen Vorteilen in die arbeitsteilige Spezialisierung weltweit marktlich koordinierter Zusammenarbeit einzubringen. Institutionell flankiert führt Marktwirtschaft im globalen Maßstab zu mehr Freiheit und mehr Gerechtigkeit, gerade für die Ärmsten der Armen.[19] Oder um es in einer

---

17 Dies zeigte sich insbesondere in der Diskussion um die Frage, ob es der Demokratie überhaupt zuzumuten sei, einen Ökonom zum Bundespräsidenten zu wählen. Vgl. hierzu vor allem Habermas (2004). Für weitere Indizien, die auf ein schlechtes Ansehen der Ökonomik im Allgemeinen und der ökonomischen Politikberatung im Besonderen schließen lassen, vgl. Pies (2005).

18 Vgl. hierzu Sinn (1986) sowie Konrad (1992).

19 Im Übrigen müssen auch die Reichen nicht vor Globalisierung und Marktwirtschaft geschützt werden. Es gehört zu den Kuriositäten des Nullsummenparadigmas, dass in den 70er Jahren des 20. Jahrhunderts die Befürchtung dominierte, der arme Süden leide unter dem reichen Norden, während in den 90er Jahren die – exakt umgekehrte, aber wiederum

anderen normativen Semantik zu formulieren: Weltwirtschaftliche Inklusion ist praktizierte Solidarität.

4. Unternehmen und Nachhaltigkeit

((1)) Alle bisher illustrativ angeführten Beispiele weisen die Gemeinsamkeit auf, dass vor allem Unternehmen die relevanten Akteure sind, wenn es um die Lösung von Problemen der Nachhaltigkeit geht.

- Nachhaltige Entwicklung im Sinne einer wirksamen Bekämpfung weltweiter Armut muss primär durch Unternehmen erfolgen. Sie sind es, die eigeninteressiert Wege suchen – und finden! – können, welche es ermöglichen, das derzeit weitgehend unausgeschöpfte Vorteilspotenzial weltwirtschaftlicher Integration zum Wohle der Menschen auch wirklich zu nutzen.

- Eine Reform der Systeme sozialer Sicherung kann nur dann nachhaltig sein, wenn sie – z. B. bei den Anbietern im Gesundheitssektor – neue Unternehmensstrukturen entstehen lässt, die durch wettbewerbliche Anreize darauf ausgerichtet werden, die Effizienz sozialer Dienstleistungen zu erhöhen. Es geht um das Steuerungsproblem, die Interessen der Akteure institutionell so zu beeinflussen, dass sie die gerade in sozialer Hinsicht dringend erforderlichen Effizienzsteigerungen nicht-intendiert herbeiführen, etwa bei der qualifizierten Versorgung kranker, pflegebedürftiger oder alter Menschen. Im Zeichen des demografischen Wandels entstehen hier neue Bedürfnisse, z. B. für innovative Wohnformen im Alter, deren Befriedigung Unternehmergeist, Experimentierfreude, soziale Phantasie und Kreativität erfordert. Bei der Erschließung dieser Märkte dürften staatliche Administrationen tendenziell überfordert sein.

- Für eine nachhaltige Bevölkerungsentwicklung ist eine bessere Vereinbarkeit von Familie und Beruf ein zentraler Faktor. Hier kann die Politik wichtige Weichenstellungen vornehmen. Aber letzten Endes muss diese Vereinbarkeit im Arbeitsalltag gelebt werden (können). Insofern spielen Unternehmen gerade auch in diesem Bereich eine bedeutende Rolle. Von ihnen hängt es entscheidend ab, ob Eltern – beispielsweise durch ein flexibles Arbeitszeitmanagement, aber auch durch die propagierten „mental models“ für Führungskräfte – in die Lage versetzt werden, berufliche Karriere und familiäre Entwicklung unter einen Hut zu bringen.

---

falsche – Befürchtung populär wurde, der reiche Norden verliere im internationalen Wettbewerb, wenn der zuvor arme Süden reicher werde. Vgl. hierzu Pies (2000d).

- Für eine nachhaltige Klimapolitik ist ein institutionalisierter Emissionshandel unabdingbar. Es leuchtet unmittelbar ein, dass ein solcher Handel primär zwischen Unternehmen stattfinden wird. In diesem Zusammenhang sind aber zwei weitere Aspekte von besonderem Interesse: Erstens haben namhafte Unternehmen begonnen, einen solchen Emissionshandel zunächst unternehmens*intern* zu organisieren und die hierbei gemachten Erfahrungen öffentlich zur Verfügung zu stellen, um den weltgesellschaftlichen Lernprozess in diesem Bereich zu stimulieren und zu beschleunigen. Zweitens haben sich namhafte Unternehmen auch direkt klima*politisch* engagiert – sei es als Kritiker, sei es als Befürworter des Kioto-Protokolls zur Klimarahmenkonvention.[20]

Diese Liste ließe sich leicht durch weitere Beispiele verlängern, die die große – und sogar zunehmend große – Bedeutung der Unternehmen für Fragen weltgesellschaftlicher Nachhaltigkeit unterstreichen. Hier mögen folgende kurze Hinweise genügen.

- Die Vereinten Nationen erkennen mittlerweile ausdrücklich an, dass die „UN Millennium Development Goals"[21] nur mit aktiver Unterstützung der Unternehmen verwirklicht werden können. Der von Kofi Annan, dem Generalsekretär der Vereinten Nationen, initiierte „Global Compact"[22] trägt diesem Umstand Rechnung und ermutigt Unternehmen, sich weltweit für die Einhaltung von Standards einzusetzen, die dem Schutz der Menschenrechte, der Arbeitnehmer und der Umwelt dienen.

- Für eine nachhaltige Korruptionsprävention ist es von entscheidender Bedeutung, dass die einschlägigen Maßnahmen nicht ohne und schon gar nicht gegen die Unternehmen angesetzt sein dürfen, sondern primär durch die Unternehmen – und in den Unternehmen – aktiv unterstützt werden müssen.[23]

- Immer mehr Unternehmen verstehen sich nicht nur als wirtschaftliche, sondern auch als politische und sogar als dezidiert moralische Akteure. Sie bilden als Organisationen einen eigenen Charakter aus und übernehmen Ordnungsverantwortung in der Gesellschaft. Hiermit korrespondiert das unternehmerische Engagement für gesellschaftliche Nachhaltigkeit im Sinne der

---

20 Vgl. als Kioto-kritische Initiative die Global Climate Coalition www.globalclimate.org/ sowie als Kioto-befürwortende Initiative das Projekt „Emission 55" http://emission55.e5.org/de/home.php

21 Vgl. http://www.un.org/millenniumgoals/

22 Vgl. http://www.unglobalcompact.org/ sowie als Überblick Brinkmann und Pies (2003).

23 Vgl. Pies (2008b).

„triple bottom line“[24]. Viele namhafte Unternehmen gehen dazu über, in Nachhaltigkeitsberichten zu dokumentieren, inwiefern sie sich nicht nur wirtschaftlich, sondern auch sozial und ökologisch engagieren.

((2)) Diese zum Teil rasanten Entwicklungen, durch die Unternehmen zu politischen Akteuren (welt-)gesellschaftlicher Nachhaltigkeit avancieren, erfordern Weiterentwicklungen des ordnungstheoretischen Paradigmas. Im traditionellen Paradigma der ökonomischen Ordnungstheorie ist nämlich eine konstruktive Rolle für Unternehmen als politische Akteure gar nicht vorgesehen. Dies dürfte mit dazu beigetragen haben, dass Unternehmen als potenzielle Adressaten wissenschaftlicher Politikberatung von der Ökonomik bislang weitgehend übersehen worden sind.

Das traditionelle Paradigma der ökonomischen Ordnungstheorie lässt sich mithilfe von Abbildung 4 wie folgt kennzeichnen. Zentral ist die Einsicht, dass es sich bei Politik und Wirtschaft um unterschiedliche Systeme handelt, deren Funktionsweise durch bestimmte Interventionen beeinträchtigt wird und sogar ganz ausgehebelt werden kann. Politische Interventionen nach Art zentraler Wirtschaftsplanung setzen die (Wettbewerbs-)Institution des Marktes außer Kraft, und umgekehrt setzen wirtschaftliche Interventionen in die Politik nach Art kollusiven Kartellstrebens die (Wettbewerbs-)Institution der Demokratie außer Kraft. Walter Eucken hatte dies Problem als „Interdependenz der Ordnungen“ beschrieben.[25] Seine Diagnose lautete, dass eine Vermachtung der Wirtschaft zur Vermachtung der Politik führe und dass im Umkehrschluss ein „starker Staat“ erforderlich sei, um die Wirtschaft mit einem wettbewerblich verfassten Ordnungsrahmen zu versorgen. Statt interventionistischer Eingriffe in die wirtschaftlichen Spielzüge empfahl Eucken eine politische Gestaltung der für die Wirtschaft geltenden Spielregeln. Die Metapher des „starken Staates“ brachte Euckens Anliegen zum Ausdruck, dass die politischen Instanzen stark genug sein sollten, um den Forderungen und Versuchungen wirtschaftlicher Interessentengruppen zu widerstehen, die mit ihrer Nachfrage nach Privilegien – nach Sonderregelungen und Wettbewerbsausnahmen – letztlich Prozesse kollektiver Selbstschädigung, nicht nur in der Wirtschaft, sondern auch in der Politik, auslö-

24 Ein Beispiel hierfür sind die Equator Principles. Es handelt sich um eine freiwillige Selbstverpflichtung von international tätigen Banken bei der Kreditvergabe, insbesondere für Projekte in Schwellenländern. Die Finanzinstitute binden sich und die Kreditnehmer an ein bestimmtes Auflagenbündel, das abhängig ist von der individuellen Situation des Landes, in dem das zu finanzierende Projekt realisiert werden soll. Die Equator Principles basieren auf den IFC-Leitlinien und wurden von Banken und NGOs gemeinsam verabschiedet. Vgl. http://www.equator-principles.com/index.html

25 Vgl. Eucken (1952, 1990) sowie als Überblick Pies (2001).

sen. Neuere Theorieansätze sprechen ganz auf der Linie dieser Tradition von den Gefahren einer „rent-seeking society".[26]

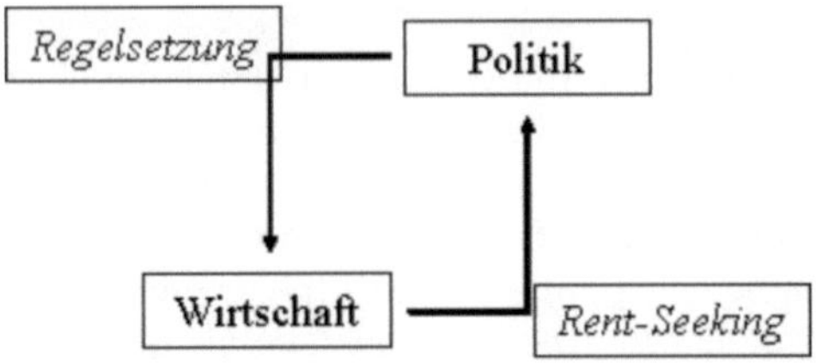

Abbildung 4: Das traditionelle Paradigma der ökonomischen Ordnungstheorie

Das traditionelle Paradigma weist einige Schwächen auf, die eine Weiterentwicklung erforderlich machen. Erstens denkt es das Verhältnis von Wirtschaft und Politik im nationalstaatlichen Rahmen. Und zweitens sieht es eine wirtschaftliche Fremdversorgung mit Ordnungsregeln durch die Politik vor. Demgegenüber müssen institutionelle Lösungen für Probleme der Nachhaltigkeit als Prozessergebnis (welt-)gesellschaftlicher Selbstorganisation gedacht werden. Ein weiterentwickeltes Paradigma, das nicht nur für den Nationalstaat, sondern auch für solche Prozesse der Global Governance heuristisch fruchtbar ist, lässt sich mithilfe von Abbildung 5 wie folgt kennzeichnen.

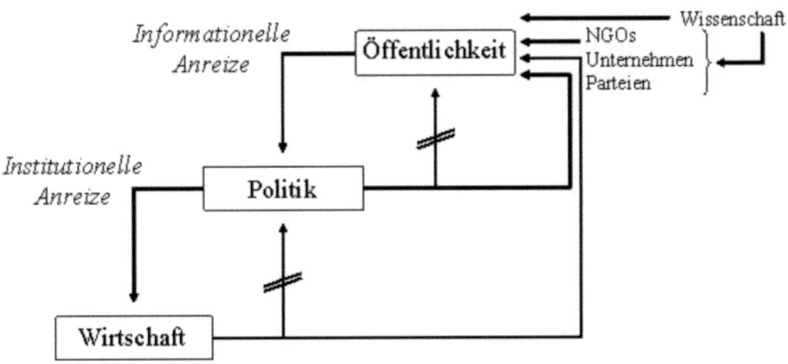

Abbildung 5: Die Öffentlichkeit als Meta-Spiel für Politik und Wirtschaft

26 Für einen kurzen Überblick vgl. Tullock (1998).

Die Politik wird als Meta-Spiel zur Wirtschaft aufgefasst, weil die Spielregeln für die wirtschaftlichen Spielzüge politisch festgelegt werden: Die Politik beeinflusst durch institutionelle Anreize die Funktionsweise der Wirtschaft. In ähnlicher Weise wird die Öffentlichkeit als Meta-Spiel zur Politik (und mittelbar auch zur Wirtschaft) aufgefasst: Die Öffentlichkeit beeinflusst durch informationelle Anreize das politische Verhalten. Die Öffentlichkeit wird konstituiert durch das diskursive, medial verfasste Zusammenspiel politischer, wirtschaftlicher und zivilgesellschaftlicher Akteure.[27] Die Wissenschaft beteiligt sich hieran als gleichrangiger Partner, indem sie Aufklärungs- und Steuerungsbeiträge entweder direkt an die Öffentlichkeit adressiert oder beratend an die anderen Akteure heranträgt.

Dieses Paradigma fokussiert die Perspektive auf die Funktionalität aufeinander abgestimmter Wettbewerbssysteme: auf die Interdependenz von Konkurrenzmärkten, Konkurrenzdemokratie und Konkurrenzpluralismus. Hieraus folgt als analoge Anforderung, dass in allen drei Fällen die jeweiligen Akteure ein Handlungsinteresse daran haben, sich dem Wettbewerbsdruck zu entziehen. Die Aufrechterhaltung des Wettbewerbs ist ein Systemimperativ, der nur durch kollektive Selbstbindungen sichergestellt werden kann, die dem gemeinsamen Regelinteresse der Akteure einen Vorrang vor ihren konfligierenden Handlungsinteressen einräumen.

- Dies bedeutet, dass wettbewerbsbeschränkende Handlungen der Akteure – in ihrem eigenen Interesse – unterbunden werden müssen. Insbesondere muss die wirtschaftliche Einflussnahme auf die Politik und analog die politische Einflussnahme auf die Öffentlichkeit wirksamen Kontrollmechanismen unterliegen, die einen unmittelbar manipulativen Zugriff und die damit verbundenen Tendenzen kollektiver Selbstschädigung verhindern.[28]

- Dies bedeutet jedoch *nicht*, dass es diesen Akteuren generell unmöglich sein sollte, auf das ihr Spiel bestimmende Meta-Spiel direkt Einfluss zu nehmen.

---

27 Bei den zivilgesellschaftlichen Akteuren ist in erster Linie an die sogenannten NGOs („Non-Governmental Organizations") zu denken. Ihnen kommen zwei Funktionen zu. Erstens verfügen sie über besondere Sensoren. Hierdurch können sie die Öffentlichkeit auf Defizite in der gesellschaftlichen Entwicklung aufmerksam machen und für vitale Bedürfnisse sensibilisieren. Zweitens können sie sich an den politischen Regelfindungs- und Regelsetzungsprozessen aktiv beteiligen, durch die die Unternehmen mit Anreizen versorgt werden, in ihrem eigenen Geschäftsinteresse die nachhaltige Entwicklung der (Welt-)Gesellschaft zu fördern.

28 Formelhaft zugespitzt, geht es nicht um einen starken Staat, sondern um eine starke Öffentlichkeit.

Ganz im Gegenteil: Ihre Kenntnisse und Informationen sind i. d. R. unverzichtbar für zweckmäßige Problemlösungen.[29]

- Es geht lediglich darum, die systemische Funktionalität des Konkurrenzprinzips durchgängig aufrechtzuerhalten. Dies erfordert es, bestimmte Standards zu erfüllen, die Transparenz und Offenheit und damit die Integrität des Verfahrens garantieren. Im Klartext heißt das: Unternehmen werden hinsichtlich ihrer Kommunikationsstrategien mit zunehmend strengeren Konsistenzanforderungen konfrontiert und reagieren hierauf mit einer Akzentverschiebung weg vom klassischen Lobbying hin zu einem öffentlichen Engagement als Corporate Citizens, das teils in Konkurrenz, teils in Partnerschaft mit zivilgesellschaftlichen Organisationen erfolgt.[30]

Zwischenfazit: Die demokratische Öffentlichkeit avanciert zur maßgeblichen Arena für Lernprozesse (welt-)gesellschaftlicher (Selbst-)Steuerung und (Selbst-)Aufklärung. Für die Ökonomik verbindet sich damit ein Paradigmawechsel von der klassischen Politikerberatung hin zur öffentlichen Politikberatung. Nachhaltige Politikberatung wendet sich nicht nur an i. e. S. politische Akteure (Parteigremien und Ministerialbürokratien), sondern neben den Medien auch an zivilgesellschaftliche Akteure und vor allem an Unternehmen, die als Corporate Citizens immer stärker die Aufgabe wahrnehmen, aktiv zur Global Governance beizutragen und sich für das Anliegen (welt-)gesellschaftlicher Nachhaltigkeit öffentlich zu engagieren.

5. Folgerungen für die universitäre Ausbildung

Die bisherige Analyse weitet nicht nur den Kreis potenzieller Interessenten an ökonomischer Politikberatung dramatisch aus. Sie legt auch nahe, dass die Nachfrage qualitativ anders strukturiert sein dürfte, als es nach dem traditionellen Paradigma der ökonomischen Ordnungstheorie zu erwarten wäre. Dem überkommenen Verständnis zufolge geht es primär um die Bereitstellung technischer Expertise, basierend auf empirischen Informationen über wirtschaftliche Wirkungszusammenhänge. Dem neuen Verständnis zufolge jedoch hat es nachhaltige Politikberatung primär mit der Moderation diskursiver Lernprozesse zu tun. Insofern verbindet sich mit dem vorgeschlagenen Paradigmawechsel zugleich eine Akzentverschiebung weg von einer reinen Wissensvermittlung hin zu einer

29 Soziale Akzeptanz wird insbesondere im internationalen Umfeld für die Unternehmen zu einem knappen Faktor, was zunehmend eigene Bewirtschaftungsmaßnahmen erforderlich macht. Hierzu gehört die Übernahme von Ordnungsverantwortung, d. h. die aktive Partizipation als Corporate Citizens an politischen Prozessen. Zum Konzept der Ordnungsverantwortung vgl. Beckmann und Pies (2008).

30 Vgl. Brinkmann und Pies (2004).

Kompetenzvermittlung, bei der nicht bloß Informationen, sondern vielmehr *Argumente* im Vordergrund stehen.[31]

Wollte man die ökonomische Ausbildung auf eine nachhaltige Politikberatung ausrichten, so folgt aus der bisherigen Analyse, dass man drei Elemente systematisch integrieren müsste:

- Erstens müsste der Akzent nicht – bereichsontologisch – auf die Ausbildung von „Wirtschafts-Wissenschaftlern“, sondern – methodisch: im Sinne einer „rational-choice“-basierten Sozialwissenschaft – auf die Ausbildung von gesellschaftstheoretisch versierten Führungskräften gelegt werden. Zur Ausbildung der erforderlichen Methodenkompetenz gehört ferner, dass das Studium nicht nur Wissen vermittelt, sondern vor allem auch die Fähigkeit, neues Wissen kreativ zu generieren. Studierende sollten systematisch in die Lage versetzt werden, sich inhaltliche Positionen zu neu auftretenden Problemlagen eigenständig zu erarbeiten.

- Zweitens müsste im Studium eingeübt werden, mithilfe des ökonomischen Instrumentariums alternative Regelarrangements auf ihre Anreizwirkung hin analysieren zu können. Zur Ausbildung der erforderlichen Steuerungskompetenz ist es unabdingbar, dass gesellschaftliche Führungskräfte die Konsequenzen abschätzen können, die mit Reformen der institutionellen Rahmenbedingungen verbunden sind.

- Drittens dürfte das Studium nicht einseitig auf die Analyse von Sozialstrukturen verengt werden, sondern müsste gleichberechtigt der Analyse semantischer Strukturen Raum bieten. Schließlich geht es letzten Endes um diskursive Politikberatung. Hierfür ist Interdisziplinarität unabdingbar. Dabei kann Wirtschaftsethik helfen.[32] Sie kann z. B. dazu beitragen, einen methodisch kontrollierten Umgang mit Normativität einzuüben.

- Die dazu notwendige Aufklärungskompetenz lässt sich nur interaktiv erwerben. Dies erfordert ein unorthodoxes Didaktikkonzept. Hierzu gehört konstitutiv ein Theorie-Praxis-Dialog in Forschung und Lehre. Ferner bedarf es einer Unterstützung interaktiven Lernens durch innovative Unterrichtsformen

---

31 Vgl. hierzu ausführlich Pies, Hielscher und Beckmann (2009).

32 Das gilt insbesondere dann, wenn die Wirtschaftsethik entwickelt wird als ökonomische Theorie der Moral, vgl. Pies (2000c). Im Unterschied zur klassischen Ethik theologischer und philosophischer Provenienz, die der Frage folgt: „Was soll ich tun?“, stehen bei der ökonomischen Theorie der Moral zwei spezifischere Fragestellungen im Vordergrund. Die erste lautet: „Was können wir wollen?“, die zweite lautet: „Was wollen wir können?“. Die erste Frage thematisiert das Problem gesellschaftlicher (Selbst-)Aufklärung, die zweite das Problem gesellschaftlicher (Selbst-)Steuerung.

wie z. B. Co-Teaching, sodass eingeübt werden kann, mit Polyperspektivität produktiv umzugehen.

Literatur:

Becker, Gary S., 1981, 1991: Treatise on the Family. 2nd edition, Cambridge, Mass.

Beckmann, Markus/Pies, Ingo, 2008: Ordnungs-, Steuerungs- und Aufklärungsverantwortung – Konzeptionelle Überlegungen zugunsten einer semantischen Innovation. In: Heidbrink, Ludger/Hirsch, Alfred (Hrsg.): Verantwortung als marktwirtschaftliches Prinzip. Zum Verhältnis von Moral und Ökonomie. Frankfurt und New York, S. 31–67.

Brinkmann, Johanna/Pies, Ingo, 2004: Der Global Compact als Beitrag zu Global Governance: Bestandsaufnahme und Entwicklungsperspektiven. In: Czada, Roland/Zintl, Reinhard (Hrsg.): Politik und Markt. Politische Vierteljahreszeitschrift, Sonderheft 34/2003. Wiesbaden, S. 186–206.

Brundtland, Gro Harlem (Hrsg.), 1987: Our common future: The World Commission on Environment and Development. Oxford, Oxford University Press.

Caplan, Bryan, 2001: Rational Ignorance vs. Rational Irrationality. In: Kyklos 54 (1). S. 3–26.

Cigno, Alessandro, 1991: Economics of the Family. Oxford.

Eucken, Walter, 1952, 1990: Grundsätze der Wirtschaftspolitik. Hrsg. von Edith Eucken und K. Paul Hensel. 6. Aufl., Tübingen.

Habermas, Jürgen, 2004: Die Wahl ist frei bis zum Schluss. Die ZEIT Nr. 21 vom 13. Mai 2004. S. 3.

Hansjürgens, Bernd, 2005: Märkte für den Klimaschutz. Ausgestaltung des europäischen CO_2-Emissionshandels und Umsetzung in Deutschland. In: Leschke, Martin/Pies, Ingo (Hrsg.): Wissenschaftliche Politikberatung. Theorien, Konzepte, Institutionen. Stuttgart, S. 227–255.

Hayek, Friedrich August von, 1976: Law, Legislation and Liberty, Vol. II: The Mirage of Social Justice. London: Routledge & Kegan Paul.

Höffner, Josef, 1941: Wirtschaftsethik und Monopole im fünfzehnten und sechzehnten Jahrhundert. Jena: Gustav Fischer.

Konrad, Kai A., 1992: Risikoproduktivität. Contemporary Studies in Economics. Heidelberg, Berlin: Springer.

Malthus, Thomas Robert, 1798, 1977: Das Bevölkerungsgesetz. Hrsg. von Christian M. Barth. München: dtv.

Meadows, Dennis L. u. a., 1972: Die Grenzen des Wachstums. Bericht des Club of Rome zur Lage der Menschheit. Stuttgart.

Nord-Süd-Kommission, 1980: Das Überleben sichern. Gemeinsame Interessen der Industrie- und Entwicklungsländer. Hrsg. von der Unabhängigen Kommission für Internationale Entwicklungsfragen. Köln.

Olson, Mancur, 2000: Power and Prosperity. Outgrowing Communist and Capitalist Dictatorships. New York: Basic Books.

Olson, Mancur, 1982, 1985: Aufstieg und Niedergang von Nationen. Tübingen.

Olson, Mancur, 1965, 1985: Die Logik kollektiven Handelns. Tübingen.

Ott, Notburga, 1998: Der familienökonomische Ansatz von Gary S. Becker. In: Pies, Ingo/Leschke, Martin (Hrsg.): Gary Beckers ökonomischer Imperialismus. Tübingen, S. 63–90.

Pies, Ingo, 2009a: Nachhaltige Politikberatung. Der Ansatz normativer Institutionenökonomik. In: Priddat, Birger P. (Hrsg.): Politikberatung: Prozesse, Logik und Ökonomie. Marburg, S. 25–47.

Pies, Ingo, 2009b: Moral als Heuristik. Ordonomische Schriften zur Wirtschaftsethik. Berlin.

Pies, Ingo, 2009c: Moral als Produktionsfaktor. Ordonomische Schriften zur Unternehmensethik. Berlin.

Pies, Ingo, 2008a: Markt und Organisation: Programmatische Überlegungen zur Wirtschafts- und Unternehmensethik. In: Kersting, Wolfgang (Hrsg.): Moral und Kapital. Grundfragen der Wirtschafts- und Unternehmensethik. Paderborn, S. 27–58.

Pies, Ingo, 2008b: Wie bekämpft man Korruption? Lektionen der Wirtschafts- und Unternehmensethik für eine ‚Ordnungspolitik zweiter Ordnung'. Berlin.

Pies, Ingo, 2005: Wirtschaftsethik als Beitrag zur Ordnungspolitik. Ein interdisziplinäres Forschungsprogramm demokratischer Politikberatung. In: Leschke, Martin/Pies, Ingo (Hrsg.): Wissenschaftliche Politikberatung. Theorien, Konzepte, Institutionen. Stuttgart, S. 411–431.

Pies, Ingo, 2002: Internationale Umweltpolitik: das Beispiel Klimaschutz. In: Schüller, Alfred/Thieme, H. Jörg (Hrsg.): Ordnungsprobleme der Weltwirtschaft. Stuttgart, S. 201–226.

Pies, Ingo, 2001: Eucken und von Hayek im Vergleich. Zur Aktualisierung der ordnungspolitischen Konzeption. Tübingen.

Pies, Ingo, 2000a: Ordnungspolitik in der Demokratie. Ein ökonomischer Ansatz diskursiver Politikberatung. Tübingen.

Pies, Ingo, 2000b: Wissenschaftliche Politikberatung in der Demokratie: Ein ökonomischer Ansatz. In: Albertshauser, Ulrich/Knödler, Hermann (Hrsg.): Ökonomie und Politikberatung im Spannungsfeld von Theorie und Praxis. Tagungsband der INFER-Jahrestagung 2000 (International Network For Economic Research). Berlin, S. 1–34.

Pies, Ingo, 2000c: Wirtschaftsethik als ökonomische Theorie der Moral – Zur fundamentalen Bedeutung der Anreizanalyse für ein modernes Ethikparadigma. In: Gaertner, W. (Hrsg.): Wirtschaftsethische Perspektiven V. Methodische Ansätze, Probleme der Steuer- und Verteilungsgerechtigkeit, Ordnungsfragen. Schriften des Vereins für Socialpolitik, Band 228/V. Berlin, S. 11–33.

Pies, Ingo, 2000d: Globalisierung und Demokratie: Chancen und Risiken aus ökonomischer Sicht. In: Brunkhorst, Hauke/Kettner, Matthias (Hrsg.): Globalisierung und Demokratie. Wirtschaft, Recht, Medien. Frankfurt a. M., S. 53–89.

Pies, Ingo, 1993: Normative Institutionenökonomik. Zur Rationalisierung des politischen Liberalismus. Tübingen.

Pies, Ingo/Hielscher, Stefan/Beckmann, Markus, 2009: Betriebswirtschaftslehre und Unternehmensethik – Ein ordonomischer Beitrag zum Kompetenzaufbau für Führungskräfte. In: DBW – Die Betriebswirtschaft, 69 (3). S. 315–330.

Pies, Ingo/Leschke, Martin (Hrsg.), 1997: Mancur Olsons Logik kollektiven Handelns. Tübingen.

Scharpf, Fritz W., 1997: Games Real Actors Play. Actor-Centered Institutionalism in Policy Research. Colorado und Oxford.

Sinn, Hans-Werner, 1986: Risiko als Produktionsfaktor. In: Jahrbücher für Nationalökonomie and Statistik 201. S. 557–571.

Smith, Adam, 1776, 1990: Der Wohlstand der Nationen. Hrsg. von H. C. Recktenwald. 5. Aufl., München.

Steinmann, Gunter, 2004: Vorschläge für eine nachhaltige Familienpolitik. Volkswirtschaftliche Diskussionsbeiträge der Martin-Luther-Universität Halle-Wittenberg, Nr. 35.

Stiftung für die Rechte Zukünftiger Generationen, 2003: Handbuch Generationengerechtigkeit. Bearbeitet von Jörg Tremmel. 2. Aufl., München.

Suchanek, Andreas, 2006: Überlegungen zu einer interaktionsökonomischen Theorie der Nachhaltigkeit. In: Ebert, Udo (Hrsg.): Wirtschaftsethische Perspektiven VIII: Grundsatzfragen, Unternehmensethik, Institutionen, Probleme internationaler Kooperation und nachhaltiger Entwicklung. Berlin, S. 229–245.

Tullock, Gordon, 1998: The Fundamentals of Rent-Seeking. In: The Locke Luminary Vol. I, no. 2 (Winter 1998) Part 2. Am 1. 10. 2004 im Internet unter: http://www.thelockeinstitute.org/journals/luminary_v1_n2_p2.html

Thinktanks und Politikagenturen – Beratung oder Privatisierung von Politik?

Ellen Bos

1. Einführung

Politikberatung hat gegenwärtig Konjunktur. Immer häufiger – so scheint es – greifen Politiker bei ihrer Entscheidungsfindung auf Thinktanks, Expertengruppen, externe Berater und Politikagenturen zurück. Die vor allem im Zuge der Globalisierung und der sich verdichtenden europäischen Integration zunehmende Komplexität von Problemlagen sowie die seit dem Ende des 19. Jahrhunderts andauernde Ausweitung staatlicher Aufgaben werden in der Regel als Begründung für diese Entwicklung angeführt. Nur durch das Einholen von externer wissenschaftlicher Expertise scheinen angemessene Antworten auf die zu lösenden Probleme möglich.[1]

Als Thinktanks bezeichnete wissenschaftliche Forschungsinstitute spielen auf dem Gebiet der Politikberatung eine zentrale Rolle. Der Begriff Thinktank kam bekanntlich während des Zweiten Weltkriegs in den USA auf. Mit ihm wurde ein abgesicherter Ort (tank) bezeichnet, in dem Experten militärische Strategien entwickelten (think) (Thunert 2003, S. 30). Heute wird unter einem Thinktank gewöhnlich eine politikberatende Institution verstanden, „die Einfluss auf den politischen Entscheidungsprozess nehmen will, sich auf wissenschaftliche Erkenntnisse stützt und in der Regel über einen eigenen Forschungsapparat verfügt“ (Sus 2009, S. 2). Nach Martin Thunert (2003, S. 30) „sind Think Tanks privat oder öffentlich finanzierte praxisorientierte Forschungsinstitute, die wissenschaftlich fundiert politikbezogene und praxisrelevante Fragestellungen behandeln und im Idealfall entscheidungsvorbereitende Ergebnisse und Empfehlungen liefern“. Andere Autoren heben hervor, dass es sich bei Thinktanks um „nicht profitorientierte, gemeinnützige Organisationen“ handelt, die „auf der Basis unabhängiger Forschung Einfluss auf den Prozess der Politikproduktion nehmen“ (Florian 2004, S. 7). Schließlich wird auch noch darauf verwiesen, dass Thinktanks nicht nur Politikern, sondern auch der Öffentlichkeit die Infor-

---

1 Auch die Ausdifferenzierung und Spezialisierung der Wissenschaft, die sich in einer Steigerung ihrer Analysefähigkeit niederschlug, hat zum Bedeutungszuwachs der Politikberatung beigetragen. Denn dadurch wurde die qualitative Weiterentwicklung der staatlichen Steuerungsfähigkeit überhaupt erst ermöglicht (Weingart/Lentsch 2008, S. 11).

mationen zur Verfügung stellen, die beide überhaupt erst dazu in die Lage versetzen, informierte Entscheidungen zu treffen.[2]

Die steigende Zahl und der wachsende Einfluss von Thinktanks sind zwar unstrittig, aber die Schätzungen über die zurzeit weltweit existierenden Thinktanks gehen weit auseinander.[3] In einer Anfang 2010 erschienenen Studie der University of Pennsylvania, die weltweit Politikberatungs-Institutionen erfasst, werden für das Jahr 2009 insgesamt 6 305 Thinktanks gezählt. Mit 1 815 sind die meisten davon in den Vereinigten Staaten angesiedelt. In Europa finden sich insgesamt 1 750 Forschungsinstitute, die meisten davon in Großbritannien und Deutschland. Für Großbritannien werden 285 und für Deutschland 190 angegeben. Die beiden Staaten liegen damit weltweit auf dem dritten bzw. fünften Platz (Mc. Gann 2010, S. 13).

Das in den USA im Vergleich zu den europäischen Staaten höhere Gewicht von externem Sachverstand ist nicht zuletzt auf die unterschiedlichen Regierungssystemtypen zurückzuführen. Im präsidentiellen System der Vereinigten Staaten mit schwachen Parteiapparaten und einer weniger professionellen Ministerialbürokratie ist die Beratung durch Thinktanks zwangsläufig stärker gefragt als in parlamentarischen Systemen, wo der Prozess der Politikentwicklung und Politikentscheidung von Parteien, Verbänden und der Ministerialbürokratie dominiert wird.

Die steigende Zahl von Thinktanks und der Bedeutungszuwachs von Politikberatung werden sehr kontrovers bewertet. Auf der einen Seite wird diese Entwicklung positiv als eine Professionalisierung der Politik beschrieben. Überdies würde sie für Politiker die Chance bieten, „sich aus der Gefangenschaft des Parteiapparates, der Linienbürokratie und der Verbandslobby zumindest teilweise" zu befreien (Thunert 2003, S. 35). Weiter wird hervorgehoben, dass die Verbreitung von Thinktanks das Potenzial für internationale Kommunikation, Informationsbeschaffung sowie für eine neue und kreative Politikanalyse erhöht habe. Thinktanks tragen in dieser Perspektive zum Entstehen einer starken Zivilgesellschaft bei und gehören in demokratischen Gesellschaften zu den Hauptakteuren, die einen pluralistischen, offenen und verantwortlichen Prozess der Politikanalyse, Forschung, Entscheidungsfindung und Evaluierung garantieren (Mc. Gam 2010, S. 10f.). Auf der anderen Seite, wird die Gefahr gesehen, dass es zu einer schleichenden Privatisierung von Politik und gleichzeitig zu einer Politisierung von fachlicher Expertise kommt. Außerdem wird darauf verwiesen, dass viele Thinktanks unter dem Deckmantel der Wissenschaftlichkeit Interessenvertretung

---

2 In diesem Sinne definiert Mc. Gam (2010, S. 10) Thinktanks als "public policy research, analysis and engagement institutions that generate policy-oriented research, analysis and advice on domestic and international issues that in turn, enable both policymakers and the public at large to make informed decisions about public policy issues".

3 So geht Sus (2009, S. 2) beispielsweise von über 5 000 Thinktanks weltweit aus, Thunert (2003, S. 31) dagegen von ca. 3 000.

für bestimmte Gruppen betreiben und Politikberatung letztlich nur eine beschönigende Beschreibung von Lobbyismus sei. Die verstärkte Nachfrage der Politik nach Fachwissen wird aber auch aus anderen Gründen kritisiert. Ralph Dahrendorf interpretierte dieses Phänomen als Zeichen demokratischer Unreife. Die Vorstellung, dass gesellschaftliche Probleme am besten von Experten gelöst werden könnten, sei Folge einer konfliktscheuen politischen Kultur und verrate ein technokratisches Politikverständnis. Beides widerspreche der Essenz liberaler Demokratie, die gerade im regelmäßigen Austragen von Konflikten bestehe (Busch 2009, S. 471).

Angesichts dieser sehr kontroversen Einschätzungen scheint es offensichtlich, dass eine eindeutige Antwort auf die Frage, wie sich der wachsende Einfluss von Thinktanks und Politikagenturen auf die Qualität demokratischer Systeme auswirkt, kaum möglich ist. Im Folgenden soll es vor allem um einige aus demokratietheoretischer Perspektive problematische Aspekte des zunehmenden Gewichts von Politikberatung gehen. Diese werden anhand von Beispielen aus Deutschland exemplarisch erläutert. In diesem Zusammenhang geht es insbesondere um Fragen der Transparenz und der Legitimation politischer Entscheidungsprozesse. Zuvor werden kurz die Entwicklung der Politikberatung und grundlegende Veränderungen auf diesem Gebiet seit den 1990er-Jahren skizziert. Auch hier wird die Entwicklung in Deutschland im Mittelpunkt stehen.

2. Entwicklung und Wandel der Politikberatung

Auch wenn die ersten Thinktanks in den USA während des Zweiten Weltkriegs aufkamen, begann Politikberatung nicht erst zu diesem Zeitpunkt, vielmehr reichen ihre Wurzeln bis ins ausgehende Mittelalter zurück. So können die Fürstenspiegel dieser Zeit, die Anleitungen zu einer guten Amtsführung und Regierungsweise enthalten, als frühe Form der Politikberatung betrachtet werden (Busch 2009, S. 472). Auch Machiavellis im Jahr 1532 erschienenes Buch „Il Principe“ (Der Fürst) ist in diesem Sinne eine frühe Form der Politikberatung.

Die Idee, dass Problemlösung auf wissenschaftlichen Begründungen und Überprüfungen basieren sollte, wurde dann im Zuge der Aufklärung Programm. Breitenwirksam durchgesetzt hat sie sich aber erst im 20. Jahrhundert, in den USA seit den 40er- und in Europa seit den 60er-Jahren (Bonß 2004, S. 37).

Ende der 60er-/Anfang der 70er-Jahre kam es zu einem regelrechten Boom der sozialwissenschaftlichen Politikberatung. Es waren die Jahre der großen Reformvorhaben und Planungseuphorie. Mit Politikberatung wurden zu dieser Zeit große Hoffnungen verbunden. Durch die Verwissenschaftlichung von Politik sollten die großen Reformprojekte dieser Zeit zum Erfolg geführt werden. In der Bundesrepublik wurde mit diesem Ziel im Jahr 1962 z. B. die „Stiftung Wissenschaft und Politik“ und im Jahr 1970 das Max-Planck-Institut zur „Erforschung der Lebensbedingungen der wissenschaftlich-technischen Welt“ gegründet (Busch 2009, S. 476 f.). Bald sollte sich allerdings zeigen, dass die Planung und Durchsetzung von Reformen immer genuin politische Prozesse bleiben müssen. Denn gesellschaftliche und soziale Veränderungen sind zwangsläufig mit strittigen Entscheidungen verbunden, die auch von Experten nicht eindeutig getroffen werden können. Entsprechend werden die Erfahrungen mit Politikberatung in dieser Zeit insgesamt eher als enttäuschend beschrieben. Die damit verbundenen Hoffnungen auf eine Rationalisierung der Politikformulierung erfüllten sich jedenfalls nicht (Bonß 2004, S. 32).[4]

Politikberatung war dennoch bis in die 1980er-Jahre hinein vor allem wissenschaftliche Politikberatung, die mit der Hoffnung auf eine rationale Politik und Reformpolitik verbunden blieb. Sie wurde in Deutschland insbesondere von akademischen Thinktanks angeboten, die von der Prämisse der wissenschaftlichen Wertneutralität ausgingen und eine strenge Trennung von wissenschaftlicher Beratung und politischer Entscheidung anstrebten (Thunert 2003, S. 32). Sie wurden häufig als „Universitäten ohne Studenten" charakterisiert (Florian 2004, S. 9).

Neben diesen auf wissenschaftliche Analyse ausgerichteten Instituten entstanden aber auch Institute, die in der politischen Anwaltschaft für bestimmte Themen oder weltanschauliche Paradigmen ihre primäre Aufgabe sehen und deshalb als advokatische Thinktanks bezeichnet werden. Die Bedeutung dieser in der Regel kleineren Institute, die als Wissens- und Ideenmakler auftreten, hat zugenommen. Es handelt sich zum einen um Institute, die fest mit Parteien, Verbänden oder bestimmten Interessengruppen verbunden sind. Zum anderen sind es Institute, die „innerhalb bestimmter Leitbilder wie Nachhaltigkeit, Marktwirtschaft oder soziale Gerechtigkeit" forschen (Thunert 2003, S. 33). Während sich die akademischen Thinktanks dem Prinzip der Wertneutralität verpflichtet sehen, setzen sich die advokatischen Thinktanks aktiv für bestimmte Ideen ein, ohne Anspruch auf wertneutrale Wissenschaftlichkeit. Während akademische Thinktanks auf den direkten Zugang zu Entscheidungsträgern, Beratung durch Studien, wissenschaftliche Expertise und persönliche Kontakte setzen, gehen advokatische Thinktanks auch andere Wege. Sie nutzen intermediäre Institutionen und nehmen auch den Umweg über die Öffentlichkeit, um ihre Ideen zu verbreiten (Florian 2004, S. 9).

Der Markt für Politikberatung hat sich in letzten Jahren dadurch verändert, dass die Umwelt der Thinktanks wettbewerbsorientierter geworden ist. Dies hat eine Veränderung der Strategien der „Denkfabriken" notwendig gemacht. Da auf dem Beratungsmarkt mehr Konkurrenz herrscht, die zur Verfügung stehen-

4 Die große Enttäuschung über die Möglichkeiten einer Verwissenschaftlichung von Politik wird anschaulich im Titel einer Publikation von Jeffrey Press und Aaron Wildavsky aus dem Jahr 1973 zum Ausdruck gebracht: "Implementation. How great expectations in Washington are dashed in Oakland, or why it's amazing that federal programs work at all" (Busch 2009, S. 478).

den Ressourcen eher weniger werden und das Umfeld politischer geworden ist, werden Kommunikationsstrategien und die Vermarktung politischer Ideen wichtiger (Florian 2004, S. 30). Entsprechend sind in jüngerer Zeit viele kleinere Institute entstanden, deren Direktoren sich eher als politisch-professorale Beratungsunternehmer definieren. Die von ihnen geführten Institute verbinden moderne wissenschaftliche Analyseformen mit strategischen Techniken und umfassenden Kenntnissen über den politischen Markt. Wissenschaftliche Analyse eines Problems wird ergänzt durch kampagnefähige Inszenierung und professionelle Vermittlung. Wissenschaftliche Expertise wird mit starkem Marketing verbunden, sodass die als bedeutend qualifizierte Fragestellung und die Probleme medien- und öffentlichkeitswirksam verbreitet und gefördert werden können (Thunert 2003, S. 36).

Das neue an dieser Entwicklung ist, dass nicht mehr Politiker nach Sachexpertise suchen, sondern die Politikagenturen Agenda Setting betreiben und die wichtigen Themen und Probleme definieren, mit denen sich Politiker beschäftigen sollten. Thinktanks treten als politische Unternehmer auf, die die von ihnen entwickelten Ideen auch durchzusetzen versuchen.

Auch die akademischen Thinktanks sahen sich infolge dieser Entwicklung dazu gezwungen, ihre Sichtbarkeit in den Medien zu erhöhen bzw. überhaupt professionelle Medienstrategien zu entwickeln. Öffentlichkeits- und Medienorientierung sind in der Konkurrenz von Thinktanks zweifellos wichtige Faktoren geworden.

Der geschilderte Wandel in der Politikberatung spiegelt sich auch in den Funktionen wider, die ihr von der Politikwissenschaft zugeschrieben werden. Klaus v. Beyme (1988) definierte im Jahr 1988 noch folgende vier Funktionen von Politikberatung:

1. Frühwarnsystem und Mechanismus der Problemerkenntnis
2. Schlichtungsfunktion
3. Kontroll- und Überwachungsfunktion
4. Legitimationsfunktion für getroffene Entscheidungen

In jüngerer Zeit werden als Funktionen von Thinktanks dagegen Informations- und Ideengewinnung, Agenda Setting, Netzwerkfunktion sowie Eliten-Transfer und Rekrutierungsfunktion genannt (Florian 2004, S. 7). Diese entsprechen zum Teil den gewöhnlich politischen Parteien zugeschriebenen Funktionen.

In Zusammenhang mit der veränderten Form der Politikberatung wird häufig auf einen grundlegenden Wandel im Verhältnis zwischen Wissenschaft auf der einen und Politik und Gesellschaft auf der anderen Seite verwiesen. Diese Entwicklung wird in der Regel mit dem Schlagwort „Wissensgesellschaft“ bezeichnet. Mit diesem Begriff sind drei Thesen verbunden. Die erste These besagt, dass eine Verwissenschaftlichung der Politik stattgefunden habe. Damit ist gemeint, „dass sich gängige Formen und Praktiken wissenschaftlicher Reflexion auf immer mehr Bereiche der Gesellschaft und Politik ausbreiten und dort auch institutionalisiert werden“ (Hellmann 2006, S. 9). Gemäß der zweiten These ist es gleichzeitig zu einer Politisierung der Wissenschaft gekommen. Dies verweist darauf, dass sich Wissenschaft kaum noch dem Zugriff der Politik entziehen könne, weil Wissen zu einem unverzichtbaren Element der Legitimation politischer Entscheidungen geworden sei. Die dritte These behauptet schließlich, dass sich eine Medialisierung der Wissenschaft entwickelt. Aufgrund der zentralen Stellung von Medien im öffentlichen Diskurs seien Wissenschaftler zu wichtigen Ansprechpartnern der Medien geworden. Forschungsergebnisse würden allerdings in den Medien häufig verkürzt dargestellt (Hellmann 2006, S. 9 f.).

Insgesamt habe sich der Status von Wissen verändert. Zwar seien immer mehr Bereiche sozialen Handelns auf wissenschaftliches Wissen angewiesen, aber diesem werde nicht mehr als objektives, wertneutrales Wissen eine privilegierte Sonderstellung zugewiesen. Wissenschaft sei gewissermaßen „entzaubert“ worden. Weil Experten politisch funktionalisiert werden und öffentliche Expertendiskussionen an der Tagesordnung seien, habe ein Verlust „sicheren“ Wissens stattgefunden (Hellmann 2006, S. 10).

3. Auswirkungen auf die Qualität von Demokratie

Die skizzierten Veränderungen auf dem Markt der Politikberatung und der diese betreibenden Institutionen zeigen, dass die Grenzen zwischen Beratung und Lobbyismus, zwischen wissenschaftlicher Beratung und Interessenvertretung verschwimmen. Man könnte auch von einer Entgrenzung der Bereiche sprechen. Politikberatung und Lobbying haben zwar gemeinsam, dass für sie eine enge Interaktion mit politisch-administrativen Entscheidungsträgern charakteristisch ist. Für Lobbying ist dabei aber der Begriff „Interesse“ der zentrale Bezugspunkt, für Politikberatung dagegen der Begriff „Wissen“: „Während es beim Lobbying um die interessenbasierte Beeinflussung politischer Entscheidungen geht, stellt wissenschaftliche Politikberatung auf die ‚Herstellung einer rationalen, das heißt problemlösungsfähigen Politik‘ ab“ (Hustedt/Veit/Fleischer 2010, S. 16).

Eine Beratung setzt zum einen einen Akteur voraus, der nicht nur beratungswillig und –fähig ist, sondern sich auch in einer Situation befindet, in der er zwischen verschiedenen Optionen entscheiden kann. Zum anderen muss es unabhängige Experten geben, die diverse Entscheidungsmöglichkeiten aufzeigen. Lobbyismus bezeichnet dagegen „die systematische und kontinuierliche Einflussnahme von wirtschaftlichen, gesellschaftlichen, sozialen oder auch kulturellen Interessen auf den politischen Entscheidungsprozess“ (Alemann/Eckert 2006, S. 4). Unter politischem Lobbyismus wird in der Regel der Versuch der Einflussnahme auf Gesetzgebungsprozesse verstanden.

Dass die Grenzen zwischen wissenschaftlicher und nicht wissenschaftlicher Politikberatung bzw. zwischen Beratung und Lobbying verschwimmen, zeigt sich auch bei einem Blick auf die Homepage der 2002 gegründeten Deutschen Gesellschaft für Politikberatung e. V. (degepol).[5] Hier werden drei Bereiche der Politikberatung unterschieden, in denen die Mitglieder der Gesellschaft tätig sind: Public Affairs, Politikfeldberatung und Kampagnenberatung. Diese Begriffe beschreiben im Grunde die neue Form unternehmerischer Politikberatung, die profitorientiertes Lobbying betreibt. Mit Politikfeldberatung ist die strategische Beratung von Organisationen und Entscheidungsträgern gemeint mit dem Ziel, in einem bestimmten Politikfeld Lösungen durchzusetzen und inhaltliche Ziele langfristig zu erreichen. Kampagnenberatung zielt darauf, politische Botschaften zu erzeugen und zu vermitteln und damit in bestimmten Zielgruppen „hohe Aufmerksamkeit und Zustimmung" zu generieren. Public Affairs meint die Vermittlung von Entscheidungsprozessen im Dialog zwischen Politik, Wirtschaft und Gesellschaft (Hellmann 2006, S. 27).

Zu den aus demokratietheoretischer Sicht problematischen Aspekten des zunehmenden Einflusses von Politikberatung zählt die Tendenz zur Privatisierung von Politik. Mit Privatisierung wird in der Regel die Veräußerung und Umwandlung öffentlichen Vermögens in Privateigentum bzw. die „durch Einfluss- und Aufgabenverlagerung bewirkte Grenzverschiebung zwischen öffentlicher Hand und privater Wirtschaft" (Brede 2001, S. 39) bezeichnet, die mit einer Veränderung der Steuerungs- und Kontrollmöglichkeiten verbunden ist. In diesem Zusammenhang ist auch der Begriff der Verfahrensprivatisierung relevant, der die Abgabe von Verfahren der Verwaltung an private Institutionen beschreibt. In Bezug auf Politikberatung verweist der Begriff auf eine Verlagerung genuin politischer Aufgaben von den Verfassungsinstitutionen auf Expertengruppen, Forschungsinstitute und Agenturen.

Ein Beispiel für eine solche Privatisierung von Politik war die „Kommission für moderne Dienstleistungen am Arbeitsmarkt", die besser als „Hartz-Kommission" bekannt ist. Die Kommission, die vom damaligen Bundeskanzler Gerhard Schröder eingerichtet wurde, hat die mit dem Namen Hartz IV bezeichneten Reformen bei der Arbeitslosenversicherung und der Zahlung von Arbeitslosengeld ausgearbeitet. Die Kommission war nicht wie ein klassisches Expertengremium besetzt, sondern in ihr versammelten sich Vertreter gesellschaftlicher Gruppen, Wirtschafts- und Interessenvertreter, wie der Personalvorstand der VW AG, Peter Hartz, sowie die Beratungsagenturen Roland Berger und McKinsey & Company. Diese Kommission hat nicht die damalige Bundesregierung beraten, sie arbeitete vielmehr im Grunde an Stelle der Politik, auf der Grundlage von im vorpolitischen Raum entstandenen Vorarbeiten, die die Bertelsmann Stiftung erstellt hatte. Gerhard Schröder erklärte damals, die Ergebnis-

5 www.degepol.de

se der Kommission eins zu eins umsetzen zu wollen. Damit machte sich Politik quasi „zum ausführenden Organ von nicht legitimierten Gremien“ (Hornstein 2005).

Die Hartz-Kommission ist ein besonders prägnantes Beispiel dafür, wie genuin politische Aufgaben wie Zielfestlegung, Planung und Vorbereitung politischer Programme von Nicht-Politikern und an Orten außerhalb der Politik erfüllt werden (Hornstein 2005). Generell besteht die Tendenz, die Ausarbeitung von Gesetzentwürfen quasi outzusourcen. Immer häufiger werden Gesetzentwürfe nicht mehr in der Ministerialbürokratie entwickelt, sondern von international tätigen Anwaltskanzleien (Leif/Speth 2006). Dabei werden teilweise Kanzleien beauftragt, „die gleichzeitig von diesen Gesetzen direkt betroffene Mandanten vertreten“ (Leif 2010, S. 4).[6]

Dies führt zwangsläufig zum Problem der Transparenz und Legitimation. Konkret stellt sich zum einen die Frage, wodurch die Mitglieder der Expertenkommissionen oder Anwaltskanzleien eigentlich legitimiert sind für ihre Arbeit. Zum anderen muss die Frage nach der Kontrolle und Verantwortlichkeit dieser Akteure erlaubt sein. Kritiker sprechen in diesem Zusammenhang von der Tendenz „zu einer insiderbestimmten und expertenbestimmten Arkanpolitik“, die nur schwer kontrollierbar sei (Hornstein 2005).

Ein weiteres Beispiel für die Privatisierung von Politik sind die sogenannten „Leihbeamten“ in den Ministerien (Leif 2010, S. 4). Im April 2004 verkündete die damalige rot-grüne Regierung Schröder das Regierungsprogramm „Moderner Staat – Moderne Verwaltung“, das eine Reform der öffentlichen Verwaltung und eine Steigerung der Managementkompetenz der Ministerien anstrebte. Teil dieses Regierungsprogramms war das Personalaustauschprogramm „Seitenwechsel“, das den Austausch zwischen öffentlicher Verwaltung und privater Wirtschaft vorsieht. Konkret beinhaltet das Programm, dass Angestellte von Unternehmen als externe Mitarbeiter auf Zeit in die Ministerien geschickt werden, wobei ihr Gehalt weiter von den Unternehmen bezahlt wird. Da diese von Kritikern als „Lobby-Beamten“ bezeichneten Mitarbeiter auch an der Ausarbeitung von Gesetzesvorlagen beteiligt waren, stellt sich die Frage, ob auf diese Weise Unternehmer nicht direkten Einfluss auf die Gesetzgebung erlangten. Auch wenn die externen Mitarbeiter beschäftigt wurden, um Fachwissen zu verstärken und Personalmangel auszugleichen, handelt es sich doch um eine „funktionale Privatisierung“ von Teilen des Gesetzgebungsprozesses. Entsprechend war schnell von einer Privatisierung der Ausarbeitung von Gesetzesvorlagen die Rede. Besonders bedenklich war die fehlende Transparenz dieser Praxis (Lojda 2009). Im Jahr 2008 wurde der Bundesrechnungshof aktiv und legte einen Bericht mit dem Titel „Über die Mitarbeit von Beschäftigten aus Verbänden und

6 In der Legislaturperiode 2005 bis 2009 waren „Großkanzleien an mindestens 17 Gesetzes- und Verordnungsentwürfen beteiligt“ (Leif 2010, S. 4).

Unternehmen in obersten Bundesbehörden“ vor. In diesem Bericht stellte der Bundesrechnungshof zwar fest, dass tatsächlich nur in 20 % der Fälle die externen Mitarbeiter an der Formulierung von Gesetzesvorlagen beteiligt waren, und dass keine Sachverhalte gefunden wurden, die „einen konkreten Verdacht auf vorsätzlichen Missbrauch des Einsatzes externer Beschäftigter in den Bundesministerien oder einen spürbaren Schaden für den Bund und das von ihm zu vertretende Gemeinwohl begründen würden“. Aber gleichzeitig findet sich die Einschätzung, dass die Prüfungserkenntnisse des Rechnungshofes belegen, „dass in einigen Bereichen erhöhte Risiken von Interessenkonflikten bestehen“ (zitiert nach Leif 2010, S. 6). Auf jeden Fall ist es bedenklich, dass über die Leihbeamten Partikularinteressen direkt in die Gesetzgebung einfließen können, ohne demokratisch legitimiert zu sein. Ein Demokratiedefizit ergibt sich auch dadurch, dass ausschließlich große Konzerne die Möglichkeit haben, durch die Delegation von Leihbeamten ihre Interessen durchzusetzen. Seit dem Jahr 2009 sind die Ministerien im Übrigen verpflichtet, die Tätigkeit von Leihbeamten offenzulegen (Leif 2010, S. 7).

Im Hinblick auf die Qualität und die Funktion von Politikberatung muss noch auf das Problem hingewiesen werden, dass die vermeintliche Unabhängigkeit akademischer Thinktanks sich bei genauerem Hinsehen zum Teil als Illusion entpuppt. Dies zeigt etwa das Beispiel der Bertelsmann Stiftung. Die Bertelsmann Stiftung wurde im Jahr 1977 vom Chef des Bertelsmann-Konzerns, Reinhard Mohn, gegründet. Sie wird von der Bertelsmann AG finanziert. Diese ist der größte Medienkonzern Europas und der fünftgrößte weltweit. Im Hinblick auf die Unabhängigkeit der Stiftung erscheint zunächst einmal die personelle Verquickung von Konzern und Stiftung problematisch. In der Tat sind die Interessen der Stiftung und des Bertelsmann Konzerns eng verwoben (Rudnik 2009, S. 220)

Die Bertelsmann Stiftung, die die reichste Stiftung in Deutschland ist, gilt als akademischer Thinktank. Nach ihrem eigenen Selbstverständnis ist sie ein Reformmotor, der frühzeitig auf gesellschaftliche Probleme aufmerksam machen und exemplarisch Lösungsansätze erarbeiten und umsetzen will. Die Stiftung propagiert die Auffassung, dass eine leistungsfähige Gesellschaft den Prinzipien unternehmerischen Handelns folgen müsse. Schlagworte in diesem Zusammenhang sind: gesellschaftlicher Wettbewerb, Privatisierung, Eigenverantwortlichkeit und Freiheit (Rudnik 2009, S. 221). Um diese Auffassung durchzusetzen, stehen der Stiftung drei Wege der Einflussnahme zur Verfügung. Der erste Weg sind die verschiedenen von der Stiftung erstellten Rankings. Der zweite Weg ist die Veröffentlichung in den Medien des Konzerns, die auf die von der Stiftung entdeckten Probleme aufmerksam machen. Der dritte Weg ist die Einflussnahme der Vertreter der Stiftung, die in beratender Funktion in Gremien und Kommission der Ministerien sitzen (Rudnik 2009, S. 222). Die Stiftung gibt z. B. jährlich ein Hochschul- und Forschungsranking heraus, welches vom Centrum für Hochschulentwicklung erstellt und im Stern verbreitet wird. Dem Centrum für Hochschulentwicklung, das zu 75 % von der Bertelsmann Stiftung finanziert wird, ist es gelungen, erheblichen Einfluss auf die Universitäten und Landesregierungen zu gewinnen (Rudnik 2009, S. 228 f.).

Die starke Verflechtung zwischen dem Bertelsmann Konzern und der Stiftung sowie das die Vormachtstellung der Stiftung verstärkende Medienimperium des Konzerns verhelfen den durch die Stiftung repräsentierten Interessen und Zielen zu erheblichem Einfluss. Dass diese Zusammenhänge wenig transparent sind, muss problematisch erscheinen. Auch hier stellt sich die Frage der Legitimation. Generell ist zu beanstanden, wenn vermeintliche Public Interest Groups, Bürgerkonvente oder Initiativen wie die „Initiative Neue Soziale Marktwirtschaft“ ihre Finanzquellen nicht offenlegen und versuchen, private Interessen als Gemeinwohlinteressen zu tarnen (Alemann/Eckart 2006, S. 8).

4. Schlussfolgerungen

Dass Politiker auf wissenschaftliche Erkenntnisse zurückgreifen, ist selbstverständlich, sollen politische Entscheidungen doch auf der Grundlage von zutreffenden Beschreibungen und Analysen der Realität getroffen werden. Politische Praktiker haben in der Regel zwei Motive, Politikberatung in Anspruch zu nehmen. Zum einen haben sie ein Interesse an fachlichen Informationen und zum anderen an politischen Analysen. Politikberatung dient ihnen entsprechend sowohl zur Informationsbeschaffung und Problemerkennung, als auch zur Beschaffung von Legitimität (Müller-Rommel 1984, S. 32).

Besonders nachgefragt wird Politikberatung jeweils in Krisenzeiten oder ausgesprochenen Reformphasen. Denn Krisen erhöhen bei politischen Entscheidungsträgern den Bedarf an Wissen und Beratung. Ebenso fragen reformorientierte Politiker, die die bestehenden Verhältnisse verändern wollen, verstärkt nach Fachexpertise. Sie suchen nach Experten, deren Wissen sie nicht zuletzt auch zur Legitimation der angestrebten Reformmaßnahmen nutzen können (Busch 2009).

Unabhängige Beratungsinstitutionen können zweifellos durch ihre Tätigkeit zur Professionalisierung von Politik beitragen. Da Entscheidungen aber immer auch mit Blick auf interessengeleitete Ziele getroffen werden, kann Politikberatung genauso von Lobbyisten genutzt werden, um ihre Interessen unter dem Deckmantel von Fachexpertise in den politischen Prozess einzubringen.

Aus demokratietheoretischer Sicht erscheinen folgende Aspekte problematisch. Zunächst einmal besteht die Gefahr, dass sich mit dem verstärkten Rückgriff auf Fachexpertise quasi durch die Hintertür wieder ein technokratisches Politikverständnis durchsetzt und Politiker zum Vollzugsorgan von fachwissenschaftlicher Intelligenz werden bzw. politische Entscheidungen auf Expertengremien abschieben.

Außerdem widerspricht es demokratischen Prinzipien, wenn unter dem Deckmantel der wissenschaftlichen Politikberatung tatsächlich ein „Outsourcing“ von Leistungen stattfindet, die traditionell von der Ministerialbürokratie oder den Stäben von Parteien erbracht werden (Wagner 2004, S. 21). Gerade wenn Politikberatung nicht mehr klar von Lobbyismus zu trennen ist, kann ein Spannungsverhältnis zwischen politikberatenden Gremien bzw. Instituten und den demokratischen Verfassungsinstitutionen entstehen. Besonders problematisch muss in diesem Zusammenhang die zu beobachtende Entparlamentarisierung von Politik erscheinen. Denn in einer parlamentarischen Demokratie verfügen nur die Parlamente über eine direkte demokratische Legitimation, sie sind damit notwendige Glieder jeder demokratischen Legitimationskette, egal ob es sich um die Berufung in Ämter handelt oder um die Ausübung und Kontrolle von Staatsgewalt geht (Papier 2006). Gerade wenn Abgeordnete schnelle Entscheidungen treffen müssen, sind sie aufgrund des bestehenden Wissensgefälles zu den politikberatenden Lobbyisten kaum mehr dazu in der Lage, die zur Verfügung gestellten Informationen und Empfehlungen sorgfältig zu prüfen und abzuwägen. Wenn deshalb Entscheidungen de facto gar nicht von den Abgeordneten, sondern von Expertenzirkeln getroffen werden, entsteht die Gefahr, dass die Verfahren der parlamentarisch-repräsentativen Demokratie umgangen und ihre Formen ausgehöhlt werden (Papier 2006).

Zu bedenken ist, dass Experten nicht nur Sachverstand, sondern häufig auch Interessen repräsentieren, was besonders prekär wird, wenn dies nicht eindeutig erkennbar ist. Denn diese Interessenvertretung ist zwar durch die im Grundgesetz verankerte Freiheit legitimiert, sich für seine eigenen Interessen einzusetzen. Aber es handelt sich nicht um eine letztlich auf das Volk zurückführbare Ausübung der Staatsgewalt. Problematisch wird es, „wenn die Artikulation von partikularen Interessen in die verfassungsmäßigen Verfahren staatlicher Willensbildung hineinzuwirken und bestimmenden Einfluss auf die dem Parlament vorbehaltene Sachentscheidung zu gewinnen beginnt“ (Papier 2006).

Wenn Politikberatung durch Thinktanks und Politikagenturen nicht so sehr Informationen zur Verfügung stellt, sondern die Entscheidungen quasi vorwegnimmt, erhält ein kleiner Kreis selektiv bestimmter Experten überproportionalen Einfluss auf Entscheidungen von gesamtgesellschaftlicher Bedeutung. Es kommt zu einer Konzentration von Entscheidungsgewalt bei einer kleinen Gruppe politisch privilegierter Akteure, die nur über eine fragwürdige demokratische Legitimation verfügen. Denn diese beruht allenfalls auf der anerkannten fachlichen Expertise und Regelungskompetenz der Berater sowie der Erwartung aller Beteiligten, dass die Ergebnisse der Beratung vernünftig sein werden. Hinzu kommt, dass die Berater anders als politische Vertreter nicht dem Wettbewerb der Parteien unterworfen sind und sie sich auch nicht für die von ihnen empfohlenen bzw. durchgesetzten Lösungen verantworten müssen. Es stellt sich also die Frage: Wer kontrolliert eigentlich die Berater?

Die mangelnde demokratische Legitimation der in der Politikberatung tätigen Akteure und Gremien sowie die Exklusivität und Intransparenz der Prozesse könnten letztlich zu einer Aushöhlung der demokratischen Verfahren führen und damit ein grundlegendes Demokratiedefizit entstehen lassen.

Gegen eine solche kritische Position wird eingewandt, dass sie zu sehr einem traditionellen und möglicherweise nicht mehr zeitgemäßen Demokratiekonzept verhaftet sei. Es stellt sich also die Frage, ob die traditionellen Vorstellungen von Demokratie, in denen der Gedanke der Repräsentation und das Prinzip der Rückbindung der Regierenden an die Zustimmung der Regierten über Parlamente zentral sind, tatsächlich überholt sind und an Geltungskraft eingebüßt haben. Dem ist entgegenzuhalten, dass diese essenziellen Merkmale demokratischer Systeme nach wie vor den Kernbestand von Demokratie ausmachen. Entsprechend sollten auf dem Markt der Politikberatung Regelungen und Leitlinien[7] gefunden werden, die für ein Mindestmaß an Transparenz sorgen und erkennbar machen, wo es sich tatsächlich um wissenschaftliche Politikberatung und wo um Lobbying für bestimmte Interessengruppen handelt. Legitimität und Akzeptanz kann sich nur aus Transparenz ableiten.

Zum Schluss soll aber darauf verwiesen werden, dass die Verantwortung für den Umgang mit fachlicher Expertise an erster Stelle bei den Parlamenten und Abgeordneten selbst liegt. Diese müssen entscheiden, ob sie die Verlagerung von wichtigen politischen Entscheidungen in außerparlamentarische Gremien hinnehmen oder dieser Tendenz Widerstand entgegensetzen. Ebenso ist kein Abgeordneter gezwungen, die Empfehlungen von Politikberatern ungeprüft zu übernehmen.

Literatur:

Alemann, Ulrich v./Eckert, Florian, 2006: Lobbyismus als Schattenpolitik. Aus Politik und Zeitgeschichte 15–16. S. 3–10.

Beyme, Klaus v., 1988: Politik und wissenschaftliche Information der Politiker in modernen Industriegesellschaften. In: Beyme, Klaus v. (Hrsg.): Der Vergleich in der Politikwissenschaft. München, S. 347–368.

Bonß, Wolfgang, 2004: Zwischen Verwendung und Verwissenschaftlichung. Oder: Gibt es eine Lerngeschichte der ‚Politikberatung'? ZSR 50, H. 1–2. S. 32–45.

Brede, Helmut, 2001: Grundzüge der öffentlichen Betriebswirtschaftslehre. München.

Bucksteeg, Mathias/Schmid, Josef (Hrsg.), 2005: Politikberatung und Politisches Management. – Beiträge zwischen Seminar und Wirklichkeiten. Eberhard Karls Universität, Institut für Politikwissenschaft. Working Paper Nr. 28. Tübingen.

Busch, Andreas, 2009: Politikberatung und Politikberatung: Reflektionen anlässlich der aktuellen Krise. Zeitschrift für Politikberatung 2. S. 467–484.

7 Vgl. dazu die Überlegungen bei Weingart/Lentsch (2008, S. 258 ff).

Chahoud, André, 2010: Blicke hinter die Kulissen: Aus dem „Alltag" eines Politikberaters. Aus Politik und Zeitgeschichte 19. S. 34–38.

Dolowitz, David/Marsh, David, 1996: Who Learns What from Whom: a Review of the Policy Transfer Literature. Political Studies XLIV. S. 343–357.

Florian, Daniel, 2004: Benchmarking Think Tanks. Wandlungsstrategien akademischer Think Tanks im Vergleich. Bachelor Arbeit. Bochum.

Heindl, Markus (Hrsg.), 2009: Seminarbericht „Privatisierung und Öffentliche Verwaltung". Bamberg, online: http://www.opus-bayern.de/uni-bamberg/volltexte/2009/182/pdf/Seminarbericht_Privatisierung.pdf

Hellmann, Gunther, 2006: Forschung und Beratung in der Wissensgesellschaft: Das Feld der Internationalen Beziehungen und der Außenpolitik – Einführung und Überblick. In: Hellmann, Gunther (Hrsg.): Forschung und Beratung in der Wissensgesellschaft: Das Feld der Internationalen Beziehungen und der Außenpolitik. Baden-Baden, S. 9–43.

Hustedt, Thurik/Veit, Sylvia/Fleischer, Julia, 2010: Wissen ist Macht? Wissenschaftliche Politikberatung. Aus Politik und Zeitgeschichte 19. S. 15–21.

Leif, Thomas, 2010: Von der Symbiose zur Systemkrise. Aus Politik und Zeitgeschichte 19. S. 3–9.

Leif, Thomas/Speth, Rudolf, 2006: Die fünfte Gewalt. Wie Lobbyisten die Prinzipien der parlamentarischen Demokratie unterlaufen. Zeit online: http://www.zeit.de/online/2006/10/lobbyismus?page=3

Lojda, Bjoern, 2009: „Lobby-Beamte" in Bundesministerien: Schreiben Unternehmen wichtige Gesetze selbst?. In: Heindl, Markus (Hrsg.), 2009: Seminarbericht „Privatisierung und Öffentliche Verwaltung". Bamberg, S. 201–217. Online: http://www.opus-bayern.de/uni-bamberg/volltexte/2009/182/pdf/Seminarbericht_Privatisierung.pdf

Mc. Gann, James G., 2010: The Global ‚Go-To Think Tanks'. The Leading Public Policy Research Organizations in the World. University of Pennsylvania. January 31, online: http://www.sas.upenn.edu/irp/documents/2009GlobalGoToReportThinkTankIndex_1.31.2010.02.01.pdf (6.5.2010).

Müller-Rommel, Ferdinand, 1984: Sozialwissenschaftliche Politik-Beratung. Probleme und Perspektiven. Aus Politik und Zeitgeschichte 25. S. 26–39.

Papier, Hans-Jürgen, 2006: Zum Spannungsverhältnis von Lobbyismus und parlamentarischer Demokratie. Vortrag anlässlich der Vorstellung des Buches „Die fünfte Gewalt. Lobbyismus in Deutschland" am 24.2.2006 im Berliner Reichstag. Online: www.bpb.de/files/LD34GU.pdf (31.5.2010).

Pressman, J. L./Wildavsky, A. B., 1973: Implementation. How great expectations in Washington are dashed in Oakland. Or, why it's amazing that federal programs work at all, this being a saga of the economic development administration as told by two sympathetic observers who seek to build morals on a foundation of ruined hopes. Berkeley.

Rudnik, Agatha, 2009: Privatisierung des Policy-Making? Die Bertelsmann-Stiftung als dominanter deutscher Think Tank. In: Heindl, Markus (Hrsg.), 2009: Seminarbericht „Privatisierung und Öffentliche Verwaltung". Bamberg, S. 218–237. Online: http://www.opus-bayern.de/uni-bamberg/volltexte/2009/182/pdf/Seminarbericht_Privatisierung.pdf

Speth, Rudolf, 2010: Das Bezugssystem Politik – Lobby – Öffentlichkeit. Aus Politik und Zeitgeschichte 19. S. 9–15.

Speth, Rudolf, 2006: Advokatorische Think Tanks und die Politisierung des Marktplatzes der Ideen. Friedrich Ebert Stiftung (Hrsg.): betrifft: Bürgergesellschaft 24. Online: http://library.fes.de/pdf-files/kug/03818.pdf (6.5.2010)

Struyk, Raymond J., 2000: Sustaining Think Tanks in the Former Soviet Bloc. Voluntas: International Journal of Voluntary and Nonprofit Organizations, Vol. 11, no. 3. S. 277–289.

Sus, Monika, 2009: Think Tanks für die polnische Außenpolitik. Polen-Analysen Nr. 60. S. 2–9.

Thunert, Martin, 2003: Think Tanks in Deutschland – Berater der Politik?. Aus Politik und Zeitgeschichte 5. S. 30–38.

Verhaltenskodex der Deutschen Gesellschaft für Politikberatung. Online unter: www.degepol.de/grundlagendokument/verhaltenskodex (9.5.2010).

Wagner, Gert G., 2004: Die Rolle der Wissenschaft in der Politikberatung muss klar erkennbar sein. Ein Diskussionsbeitrag aus Sicht des Kritischen Rationalismus. ZSR 50, H. 1–2. S. 18–31.

Weingart, Peter/Lentsch, Justus, 2008: Wissen – Beratung – Entscheiden. Form und Funktion wissenschaftlicher Politikberatung in Deutschland. Unter Mitarbeit von Mitchell G. Ash, Peter Graf Kielmansegg, Reinhard Kurth, Renate Mayntz, Ortwin Renn, Eberhard Schmidt-Aßmann. Weilerswist.

Grundgüter als Gegenstand der praktischen Verteilungspolitik

Christian Müller[*]

1. Die moderne Wohlfahrtsökonomik und die Maximin-Lösung des Problems der sozialen Gerechtigkeit

Ökonomen neigen dazu, die „Theorie der Gerechtigkeit" des Philosophen John Rawls (1921–2002) als einen Teilbereich der Wohlfahrtsökonomik zu rezipieren. Im Zentrum ihres Interesses steht im Allgemeinen das berühmte „Unterschiedsprinzip", nach welchem soziale und ökonomische Ungleichheiten nur insoweit als legitim anzusehen sind, als sie das Wohl der am wenigsten begünstigten Mitglieder der Gesellschaft maximieren (z. B. Rawls 1992 [1985], S. 261). Dieser Gerechtigkeitsgrundsatz, welcher dem Maximin-Prinzip der ökonomischen Entscheidungstheorie entspricht, passt sich scheinbar mühelos in die Denkschemata von Ökonomen ein, lässt er sich doch leicht als eine Variante oder zumindest als naher Verwandter einer welfaristischen, von individuellen Nutzengrößen abhängigen sozialen Wohlfahrtsfunktion vom Bergson-Samuelson-Typ interpretieren.[1]

Als ein Konzept der Beratung der praktischen (in einem sehr weiten Sinne verstandenen) Verteilungspolitik schiede die Rawls'sche Gerechtigkeitstheorie damit ebenso aus wie die herkömmlichen wohlfahrtsökonomischen Ansätze. Sofern die individuellen Nutzenfunktionen der Bevölkerungsmitglieder, welche die soziale Nutzenfunktion enthalten sollen, aufgrund ihrer Introspektivität dem Politikberater oder -anwender nicht bekannt sein können, wird sich eine soziale

---

* Der vorliegende Aufsatz greift in Teilen zurück auf Müller (2000). Für wertvolle Hinweise und Anmerkungen zu einer früheren Fassung dieses Beitrags danke ich Manfred Tietzel sowie den Teilnehmern des I. Andrassy-Forschungsseminars „Konsens und Evolutorik" in Budapest, insbesondere Klaus Beckmann, Stefan Okruch, Ingo Pies und Gerhard Wegner.

1 Siehe z. B. die Interpretationen bei Feldstein (1973), Mueller (2003, S. 597 ff.), Blankart (2003, S. 87 ff.) – Die Bergson'sche Wohlfahrtsfunktion W_i ist eine reellwertige, ordinale Funktion W eines Individuums i über die Menge X aller gesellschaftlichen Zustände x: $W_i(x) = W_i(x_1, x_2, ..., x_n)$. Inhaltlich wird W_i üblicherweise durch das sog. Welfarismus-Postulat (vgl. z. B. Sen 1982 [1977], S. 227 und S. 248 ff.) konkretisiert, demzufolge die Bewertung gesellschaftlicher Zustände allein den von ihnen betroffenen Individuen zu überlassen ist. W_i wird daher auch in Abhängigkeit von den Nutzenwerten $U_j(x_j)$ der Gesellschaftsmitglieder j (mit $j = 1, ..., n$) geschrieben: $W_i(x) = W_i(U_1, U_2, ..., U_n)$. Das sog. paretianische Werturteil sichert, dass die soziale Wohlfahrt $W_i(x) = W_i(U_1, U_2, ..., U_n)$ *ceteris paribus* immer dann ansteigt, wenn sich das Nutzenniveau eines Individuums j erhöht, d. h. $\partial W / \partial U_j > 0$. Vgl. grundlegend Bergson (1938); Samuelson (1947, Kap. 8), ders. (1981) sowie die Darstellungen bei Schmidt (1991) und Giersch (1993).

Wohlfahrtsfunktion kaum je als gerechtigkeitsorientierte Zielgröße für eine gesamte Gesellschaft ermitteln lassen – und zwar selbst dann nicht, wenn man die Wohlfahrtsfunktion (wie Bergson oder Little) als ein Werturteil darüber ansieht, wie die Gesellschaft gestaltet sein sollte, und nicht als eine Regel der Aggregation aller individuellen Präferenzen, als welche sie Arrow in seiner berühmten Formulierung auffasste.[2]

Den Intentionen von John Rawls wird eine solche ökonomistische Rezeption seines Werks aber sicher nicht gerecht. Ziel der Rawls'schen Theorie, wie sie sich abschließend darstellt, ist die Entwicklung und Begründung einer Gerechtigkeitskonzeption, durch die sich die optimale „Grundstruktur" einer Gesellschaft – d. h. eine politische Verfassung, die Wirtschaftsordnung und andere grundlegende Einrichtungen – ermitteln lässt (Rawls 1992 [1977]; auch Beauchamp 1980). Der „späte Rawls" ging bei diesem Vorhaben ausdrücklich vom Faktum eines weltanschaulichen Pluralismus in der modernen Gesellschaft aus, die durch die verschiedenen religiösen, philosophischen und moralischen Lehren tief gespalten ist. Seine Gerechtigkeitstheorie wollte Rawls daher nicht (mehr) als eine „allgemeine moralische Konzeption" verstanden wissen, da eine solche Doktrin notwendig mit konkurrierenden Anschauungen kollidieren müsste (Rawls 1992 [1985], S. 257; ders. 1993, S. 175). Chancen, eine stabile Grundlage einer gegebenen Gesellschaft zu bieten, hat demgegenüber nach Ansicht des „späten Rawls" nur eine *politische* Gerechtigkeitskonzeption, welche die Berufung auf ethische Positionen so weit wie möglich vermeidet und deshalb mit einem breiten Spektrum von Weltanschauungen vereinbar ist. In seinen letzten Veröffentlichungen fordert Rawls daher, dass die gesuchte Gerechtigkeitskonzeption dazu geeignet sein müsse, Gegenstand eines *übergreifenden* (*overlapping*) Konsenses zu sein, also in der Schnittmenge der verschiedenen moralischen, religiösen und philosophischen Positionen zu liegen.[3]

Von der modernen Wohlfahrtsökonomik unterscheidet sich Rawls' Werk[4] besonders in dreifacher Hinsicht: Zum einen wird die Rawls'sche Gerechtigkeitskonzeption, anders als die sozialen Wohlfahrtsfunktionen vom Bergson-

---

2 Von der sozialen Wohlfahrtsfunktion im Sinne von Arrow (1963) unterscheidet sich die Bergson-Funktion u. a. dadurch, dass sie ein moralisches Werturteil eines Kollektivmitglieds über seine Gesellschaft ist, während die Arrow'sche Funktion als eine kollektive Präferenz einer Gesellschaft als solcher definiert ist. In einem *n*-Personen-Kollektiv gibt es mithin *n* verschiedene (individuelle) Bergson-Wohlfahrtsfunktionen, aber nur eine einzige Arrow-Wohlfahrtsfunktion; vgl. Little (1952, S. 424).

3 Vgl. Rawls (1992 [1987]), ders. (1992 [1989]), ders. (1993, S. 133 ff). Zur Unterscheidung umfassender moralischer und politischer Gerechtigkeitskonzeptionen vgl. Pogge (1994, S. 39 ff.) sowie kritisch Ricken (1997).

4 Eine ganz ähnliche, alle wesentlichen Elemente der Rawls'schen Theorie der Gerechtigkeit vorwegnehmende Verteilungstheorie entwickelte der deutsche Ökonom Gerhard Weisser; siehe dazu ausführlich Müller (2004).

Samuelson-Typ, nicht lediglich postuliert; vielmehr wird sie auch *begründet*. Es ist ganz wesentlich Rawls, dem die Wiederbelebung der Normbegründungsfigur des Gesellschaftsvertrags in der Tradition Immanuel Kants zugeschrieben wird. Nach seiner „Theorie der Gerechtigkeit“ gilt jenes System wirtschaftlicher und sozialer Ordnungsregeln einer Gesellschaft als gerechtfertigt, welches rationale Egoisten in einem fiktiven „Urzustand“ einstimmig wählen würden, in welchem jeder Entscheidungsträger unter einem sog. „Schleier des Nichtwissens“ entscheidet, der ihm die Kenntnis seiner eigenen Partialinteressen entzieht (kritisch Müller 2002).

Ein zweiter wesentlicher Unterschied besteht in der Gerechtigkeitskonzeption selbst, welche die vertragstheoretische Begründungsprozedur als legitim ausweisen soll. Diese sog. „Maximin-Lösung des Problems der sozialen Gerechtigkeit“ (Rawls 1994 [1971], S. 177) skizziert eine Gesellschaftsutopie, die Rawls gerade als eine radikale Alternative zum Nutzensummenutilitarismus à la Jeremy Bentham (1748–1832; siehe Bentham 1970 [1781]) oder, in jüngerer Zeit, John C. Harsanyi (1920–2000; siehe Harsanyi 1953; ders. 1955; ders. 1975; ders. 1976 [1975]; ders. 1977; ders. 1982 [1977]; auch Jakob 1996) entwickelte, wie er die Wirtschaftswissenschaften im Allgemeinen und die Wohlfahrtsökonomik im Besonderen prägt (zum Utilitarismus als Vorläufer der Wohlfahrtsökonomik vgl. Bohnen 1964). Dem utilitaristischen Rationalkalkül eines die Summe der Individualnutzen maximierenden „Glücks der größten Zahl“ stellte Rawls mit seinen beiden berühmten Gerechtigkeitsprinzipien eine Gemeinwohlvorstellung gegenüber, nach welcher die grundlegenden sozialen Institutionen – die „Grundstruktur“ – einer Gesellschaft am Wohlergehen der jeweils schlechtestgestellten Gesellschaftsmitglieder auszurichten sind.

Und schließlich unterstellt die Rawls'sche Gerechtigkeitskonzeption auch eine ganz besondere Messung individueller Wohlstandspositionen: Im Gegensatz zu den Annahmen der wohlfahrtsökonomischen Adaptionen seines Unterschiedsprinzips will Rawls die Wohlfahrtspositionen der einzelnen Mitglieder der Gesellschaft gerade nicht mithilfe der introspektiven, subjektiven Größe „Nutzen“ messen, sondern anhand eines Index objektiver, von allen Gesellschaftsmitgliedern gleichermaßen erstrebter „Grundgüter“, die auch den Gegenstand der politisch induzierten Sekundärverteilung darstellen sollen.

So theoretisch Rawls' voluminöses Gedankengebäude auch daher kommt, so praktisch und anwendungsorientiert wird es an dieser Stelle: Denn nach Rawls ist die von ihm entwickelte Gerechtigkeitskonzeption in der Lage, gleich zwei zentrale Anwendungsprobleme des Utilitarismus und der modernen Wohlfahrtstheorie zu umgehen (Rawls 1994 [1971], S. 112). Sofern er den herkömmlichen Nutzenbegriff wegen dessen zwangsläufiger Subjektivität als Bezugspunkt einer ethischen Theorie verwirft, ist Rawls' Ansatz zum einen „ressourcen-“, nicht aber „wohlstandsorientiert“ (zu dieser Unterscheidung siehe Dworkin 1981). Die Individuen im Urzustand maximieren alle den gleichen, objektiv gegebenen

Index von Grundgütern, von denen jedes rationale Individuum auch unter dem Schleier des Nichtwissens – d. h. in Unkenntnis der eigenen Grundgüterausstattung – weiß, dass es mehr statt weniger von ihnen besitzen möchte.

Die Grundidee hinter dem Begriff der Grundgüter ist, dass selbst Individuen, die sich fundamental in ihren Werten unterscheiden, gleiche grundlegende Bedürfnisse nach bestimmten Gütern haben, die daher als kleinster gemeinsamer Nenner für interpersonelle Vergleiche individueller Wohlfahrt dienen können (Arneson 1992, S. 217). Das aus der klassischen und der modernen Wohlfahrtstheorie bekannte Problem der „Allwissenheit" des moralischen Beurteilers soll damit entschärft werden. Die Bedürftigkeit eines Individuums ist nach Rawls ablesbar an dem Bestand an Grundgütern, der eine objektiv feststellbare und keine bloß introspektive Größe sein soll wie das konventionelle Nutzenkonzept. Eine vollkommene Information über die individuelle Wohlfahrt aller Betroffenen erscheint somit selbst in großen Massengesellschaften leichter herstellbar.

Zum anderen verlangt das Rawls'sche Unterschiedsprinzip zu seiner Anwendung ausschließlich *ordinale* intersubjektive Vergleiche von Grundgüterausstattungen, d. h. eine „Niveauvergleichbarkeit" (*level comparability*) von Wohlstandsmaßen (siehe zu diesem Begriff Sen 1982 [1979], S. 273). Um die am wenigsten begünstigte repräsentative Person zu ermitteln, benötigt man danach nur Rangordnungsurteile über das Wohlbefinden der Gesellschaftsmitglieder. Auf eine Feststellung, um wie viel die schlechtestgestellte repräsentative Person, von deren Position allein das Gesellschaftssystem zu beurteilen ist, schlechter steht, kommt es danach nicht an. Die aus der Wohlfahrtsökonomik bekannten Schwierigkeiten einer objektivierbaren kardinalen Messung individueller Wohlfahrt sollten daher nicht auftreten.

Im Folgenden werde ich jedoch argumentieren, dass die Konzeption der Grundgüter diese in sie gesteckten Erwartungen nicht erfüllen kann. Nach einem allgemeinen Überblick über die Rolle der Grundgüter in der Rawls'schen Theorie der Gerechtigkeit (Abschnitt 2) werde ich darlegen, dass das Grundgüterkonzept weder das Problem der intersubjektiven Vergleiche (Abschnitt 3) noch das der Messung von Wohlstandsniveaus (Abschnitt 4) auf eine überzeugendere Weise lösen kann als die traditionelle utilitaristisch-wohlfahrtsökonomische Analyse. Wenn und soweit die Mess- und Vergleichsprobleme von Grundgütern lösbar sein sollten, so sollte auch das Problem der Quantifizierung und konsequentialistischen Saldierung interpersoneller Nutzengrößen lösbar sein.

2. Grundgüter in der Gerechtigkeitstheorie

Die Verteilung gesellschaftlicher Grundgüter in einer wohlgeordneten Gesellschaft ist nach Rawls der Gegenstand von Gerechtigkeitskonzeptionen. Wohlgeordnet ist eine Gesellschaft, wenn und soweit sie durch eine öffentliche Gerechtigkeitskonzeption reguliert wird und die Gesellschaftsmitglieder sich gegenseitig als freie und gleiche moralische Personen respektieren.[5] Grundgüter sind solche Güter, die alle Gesellschaftsmitglieder annahmegemäß in gleicher Weise erstreben. Im Einzelnen handelt es sich dabei um (1) Grundfreiheiten wie die Gedanken- oder Gewissensfreiheit, (2) die Freizügigkeit und die Freiheit der Berufswahl, (3) die mit öffentlichen Ämtern verbundenen Vorteile, (4) Einkommen und Besitz und (5) die sozialen Grundlagen der Selbstachtung.[6] Von natürlichen Gütern wie etwa Gesundheit und Geisteskraft, die in unserer Welt häufig von Geburt an ungleich verteilt sind, unterscheiden sich diese Grundgüter in der Rawls'schen Konzeption dadurch, dass ihre Bereitstellung, direkt oder indirekt, durch die gesellschaftliche Grundstruktur erfolgt, auf die allein sich die Rawls'sche Theorie beziehen soll.

Die Grundgüter, die in „Eine Theorie der Gerechtigkeit" noch als für die Verwirklichung der konkreten Lebenspläne der Gesellschaftsmitglieder notwendig betrachtet wurden, sah Rawls später als Voraussetzung dafür an, dass Individuen moralische Personen sein können; der Begriff der moralischen Person determiniert, was im Einzelfall ein Grundgut ist (ursprünglich Rawls 1994 [1971], S. 112 ff.; die Änderung findet sich in Rawls 1992 [1980], S. 96.). Eine moralische Person hat nach Rawls drei Merkmale:[7] *Erstens* verfügt eine moralische Person über die Anlage zu einem wirksamen Gerechtigkeitssinn, womit die Fähigkeit gemeint ist, Gerechtigkeitsgrundsätze zu verstehen, sie anzuwenden und aus ihnen heraus zu handeln. *Zweitens* besitzt sie die Befähigung, eine Konzeption des Guten – eine Rangordnung letzter Ziele – auszubilden, zu revidieren und rational zu verfolgen. Und neben diesen beiden Merkmalen, die auch als die beiden moralischen Vermögen bezeichnet werden, hat eine moralische Person annahmegemäß *drittens* eine persönliche Konzeption des Guten. Diesen drei Merkmalen entsprechen drei übergeordnete Interessen moralischer Personen: zum einen die beiden höchstrangigen Interessen, die beiden moralischen Vermögen zu verwirklichen und auszuüben, zum anderen das höher-, jedoch nicht höchstrangige Interesse daran, die persönliche Konzeption des Guten, welchen konkreten Inhalt sie auch haben mag, zu schützen und zu fördern. Der Inhalt des dritten Interesses soll abstrakt und offen bleiben, um die allgemeine Akzeptierbarkeit der Rawls'schen Theorie nicht zu gefährden.

Rawls unterscheidet zwischen einer *rationalen* und einer *vollständigen* Autonomie von Entscheidungsträgern. Die – moralisch neutrale – rationale Auto-

---

5 Der Begriff der wohlgeordneten Gesellschaft, der schon in Rawls (1994 [1971], S. 21), verwendet wurde, findet sich erstmals in Rawls (1992 [1980], S. 88 ff.), eingehend expliziert.

6 Vgl. Rawls (1982, S. 162 und S. 165 f.), ders. (1992 [1980], S. 94 f.), ders. (1993, S. 181 f.). Rawls hat seine Grundgüterkonzeption im Laufe der Zeit erheblich geändert; vgl. hierzu Hinsch (1992, S. 36–44).

7 Vgl. Rawls (1992 [1980], S. 93 f.), ders. (1992 [1985], S. 267 f. und S. 268 f.), ders. (1993, S. 18 f.).

nomie der Bürger in der konstitutionellen Entscheidungssituation entspricht dem (Zweck-)Rationalitätsbegriff der neoklassischen Wirtschaftstheorie, nach dem zu gegebenen Zielen die je wirksamsten Mittel eingesetzt werden.[8] *Vollständige* – d. h. moralisch gehaltvolle – Autonomie können nach Rawls hingegen nur die Bürger einer wohlgeordneten Gesellschaft besitzen, welche die obersten Gerechtigkeitsgrundsätze, auf die man sich einigen würde, gutheißen und nach ihnen handeln. Im Urzustand sollen die wesentlichen Merkmale der vollständigen Autonomie realisiert sein, wozu insbesondere die fairen Bedingungen der Kooperation gehören. Fair sind diese Bedingungen der Zusammenarbeit, wenn sie der Forderung nach Gegenseitigkeit entsprechen, d. h. alle Kooperationsteilnehmer müssen aus der Zusammenarbeit einen Vorteil ziehen und die gemeinsamen Belastungen in angemessener Form teilen. Rawls nennt diesen Reziprozitätsaspekt sozialer Kooperation auch *das Vernünftige* – im Unterschied zum *Rationalen* der Entscheidungsträger im Urzustand.[9]

Gerecht sind nach Rawls solche Grundsätze der Verteilung von Grundgütern, die *rational* autonome Bürger in einem fiktiven, als gerecht empfundenen Urzustand auswählen würden. Die tatsächlich gewählte Gerechtigkeitskonzeption, so lautet Rawls' zentrales Theorem, besteht aus den folgenden beiden Gerechtigkeitsgrundsätzen, die in einer der letzten Formulierungen lauten:

1. „Jede Person hat ein gleiches Recht auf ein völlig adäquates System gleicher Grundrechte und Grundfreiheiten, das mit dem gleichen System für alle anderen vereinbar ist."

2. „Soziale und ökonomische Ungleichheiten müssen zwei Bedingungen erfüllen: *erstens* müssen sie mit Ämtern und Positionen verbunden sein, die allen unter Bedingungen fairer Chancengleichheit offenstehen, und *zweitens* müssen sie zum größten Vorteil der am wenigsten begünstigten Mitglieder der Gesellschaft sein."[10]

Beide Gerechtigkeitsgrundsätze sind auf unterschiedliche Kategorien von Grundgütern gerichtet: Der erste Grundsatz, der *Grundsatz gleicher Grundfreiheiten*, regelt die Verteilung der politischen und bürgerlichen Grundfreiheiten. Das zweite Prinzip bezieht sich auf die übrigen Güter wie soziale Vorrechte,

---

8 So ausdrücklich Rawls (1994 [1971], S. 31 und S. 166 ff.), wo in der deutschen Übersetzung unglücklicherweise durchgehend von „Vernünftigkeit" statt von „Rationalität" die Rede ist, obwohl „das Vernünftige" und „das Rationale" bei Rawls unterschiedliche Bedeutungen haben; vgl. auch Rawls (1992 [1980], S. 88).

9 Zum Begriff des Vernünftigen im Unterschied zu dem des Rationalen vgl. Rawls (1992 [1980], S. 88 und S. 97 ff.), ders. (1993, S. 48 ff. und S. 72 ff). Siehe auch Kley (1989, S. 18), Ricken (1997, S. 423).

10 Rawls (1992 [1985], S. 261, Hervorhebungen des Verf.), ebenso ders. (1993, S. 5 f.). Die ausführlichste Fassung der beiden Gerechtigkeitsprinzipien fand sich ursprünglich in Rawls (1994 [1971], S. 336 f.).

Einkommen und Besitz (Rawls 1993, S. 76; Hinsch 1997a, S. 10 f.). Es besteht seinerseits aus einem ersten Teil, dem *Grundsatz der fairen Chancengleichheit*, kurz: dem Chancenprinzip (Pogge 1994, S. 93 ff.), und einem zweiten Teil, dem berühmten *Unterschiedsprinzip* (*difference principle*).

Um die Wahl dieser Gerechtigkeitsprinzipien zu sichern, expliziert Rawls die Entscheidungssituation im Urzustand so, dass er zum einen den Begriff freier und gleicher moralischer Personen repräsentiert und zum anderen das Vernünftige dem Rationalen vorgeordnet ist.[11] Dies erreicht er dadurch, dass er die fiktiven Rationalakteure zwar als Repräsentanten bestimmter sozialer Positionen – die des Reichen oder Armen, des Schwarzen oder Weißen, einer Frau oder eines Mannes – beschreibt, sie aber unter einem „Schleier des Nichtwissens" entscheiden lässt, der sie in Unkenntnis all jener Partialinteressen versetzt, die aus der von ihnen repräsentierten sozialen Position resultieren können.[12]

Die Annahme des Schleiers des Nichtwissens hat in der Rawls'schen Vertragstheorie zwei zentrale Aufgaben zu erfüllen, die man die Fairness- und die Konsensfunktion des Unwissenheitsschleiers nennen könnte. Die *Fairnessfunktion* der Informationsbeschränkungen besteht darin, faire Bedingungen für die Wahl von Gerechtigkeitsgrundsätzen zu schaffen. In Bezug auf die Auswahl distributiver Grundsätze befinden sich die Individuen in völlig symmetrischen Positionen. Vorrechte und Privilegien bestehen nicht. Realiter bestehende asym-

11 Vgl. Rawls (1992 [1980], S. 89); zur Priorität des Vernünftigen über das Rationale vgl. Rawls (1992 [1980], S. 100 und S. 103). Wegen dieses Vorrangs des Vernünftigen vor dem Rationalen hat Rawls es in einer jüngeren Veröffentlichung ausdrücklich bedauert, den Urzustand als Entscheidung ökonomischer homines oeconomici expliziert zu haben. So war es nach Rawls (1992 [1985], S. 273 f., Fußnote 20) „ein (sehr irreführender) Fehler, in Eine Theorie der Gerechtigkeit eine Gerechtigkeitstheorie als Teil einer Theorie rationaler Entscheidung darzustellen ... Ich hätte sagen sollen, dass Gerechtigkeit als Fairneß eine Theorie rationaler Entscheidung, die den Bedingungen des Vernünftigen unterliegt, dazu benutzt, die Überlegungen der Parteien als freier und gleicher Personen zu beschreiben, und all das innerhalb einer Gerechtigkeitskonzeption, die natürlich eine moralische Konzeption ist. Ich habe nie daran gedacht, zu versuchen, den Gehalt der Gerechtigkeit innerhalb eines Rahmens herzuleiten, der sich auf den Gedanken des Rationalen als einziger normativer Idee beschränkt. Dies wäre unvereinbar mit jeglicher Form kantischen Denkens" (Hervorhebungen im Original).

12 Im Urzustand sind den Parteien „bestimmte Arten von Einzeltatsachen unbekannt ... Vor allem kennt niemand seinen Platz in der Gesellschaft, seine Klasse oder seinen Status; ebensowenig seine natürlichen Gaben, seine Intelligenz, Körperkraft usw. Ferner kennt niemand seine Vorstellung vom Guten, die Einzelheiten seines vernünftigen Lebensplanes, ja nicht einmal die Besonderheiten seiner Psyche wie seine Einstellung zum Risiko oder seine Neigung zu Optimismus oder Pessimismus. Darüber hinaus setze ich noch voraus, dass die Parteien die besonderen Verhältnisse in ihrer eigenen Gesellschaft nicht kennen, d. h. ihre wirtschaftliche und politische Lage, den Entwicklungsstand ihrer Zivilisation und Kultur. Die Menschen im Urzustand wissen auch nicht, zu welcher Generation sie gehören." Rawls (1994 [1971], S. 160).

metrische Verteilungen von Macht und Einflussmöglichkeiten bleiben für die Wahl im Urzustand ohne Konsequenzen (Hinsch 1997a, S. 60 f.). Auch sind die Beteiligten im Urzustand aller ihrer Partialinteressen beraubt, sodass selbst e-goistischste Individuen keinen Platz für Diskriminierung finden: Die Bedingungen des Urzustandes zwingen die Rationalentscheider dazu, sich allein von ihren höchstrangigen Interessen an der Ausbildung und Ausübung ihrer beiden moralischen Vermögen – ihrem Gerechtigkeitssinn und ihrer Befähigung zu einer Konzeption des Guten – leiten zu lassen, die allen Individuen als moralischen Personen gemein sind.

Neben dieser Fairness- hat der Schleier des Nichtwissens auch eine *Konsensfunktion*. Die Informationsbeschränkungen im Urzustand versetzen alle Rationalentscheider in *dieselbe* Entscheidungssituation. Da ihnen unter diesen Bedingungen allein ihre höherrangigen Interessen als Entscheidungsgrundlage bleiben und diese bei allen moralischen Personen identisch sind, ist jeder von den gleichen Argumenten überzeugt und stellt denselben Rationalkalkül an; folglich treffen alle Akteure im Zeitpunkt ihrer fiktiven Verfassungsentscheidung ohne jede Kommunikation die gleiche Entscheidung. Die Individuen haben „keinen Anlass zu Verhandlungen im üblichen Sinne" (Rawls 1994 [1971], S. 163); sie finden einen „monologischen" Konsens (Habermas 1983, S. 76). Die Wahl im Urzustand lässt sich damit vom Standpunkt einer willkürlich ausgewählten Person interpretieren, die als repräsentativ für alle anderen betrachtet werden kann (Rawls 1994 [1971], S. 162).

Ein solcher monologischer Konsens in der fiktiven Vertragssituation ist jedoch nur dann garantiert, wenn erstens alle Individuen vollkommen über alle Präferenzen der Inhaber postkonstitutioneller Gesellschaftspositionen informiert sind, wenngleich die Beteiligten auch nicht wissen, wie sich diese Präferenzen auf sie selbst und die übrigen Abstimmungsteilnehmer verteilen. Zweitens müssen alle Individuen die *gleichen* intersubjektiven Vergleiche individueller Wohlfahrtsniveaus vornehmen. Wenn beide Bedingungen auf der Basis der rein introspektiven Größe „Nutzen" nicht hergestellt werden können, verwendet Rawls einen objektiv messbaren Grundgüterindex aller Individuen. Dabei handelt es sich aber lediglich um eine terminologische, nicht aber um eine praktische Lösung der genannten Probleme.

3. Das Problem interpersoneller Vergleiche

Für den interpersonellen Vergleich intersubjektiver Wohlfahrtsniveaus ist nämlich nichts dadurch gewonnen, dass man sich auf die angeblich objektivierbare Größe „Grundgüterindex" stützt, anstatt auf eine so introspektive Größe wie „Nutzen" zurückzugreifen. Die Angabe der Höhe der Güterausstattung eines bestimmten Individuums liefert noch keine Information darüber, welche Wertschätzung diese Person den ihr verfügbaren Gütern zumisst. Auf diese individuellen Wohlfahrtsniveaus kommt es aber letztlich an, um das am schlechtesten gestellte Gesellschaftsmitglied zu ermitteln. Güter werden nicht um ihrer selbst willen erstrebt, sondern wegen des Maßes der Zufriedenheit, das sie stiften.

Verschiedene Individuen, so ist zu erwarten, werden die einzelnen Grundgüter in unterschiedlicher Weise schätzen (Nagel 1975 [1973], S. 9; Schwartz 1973, S. 301 ff.; Arneson 1990). Stützt man den Vergleich von Wohlfahrtsniveaus von Menschen allein auf die ihnen verfügbaren Indexeinheiten von Grundgütern, so muss man annehmen, dass die individuelle Wohlfahrt aus einer solchen Indexeinheit für alle Individuen gleich ist. Nur dann, wenn alle Menschen alternative Grundgüterausstattungen gleich bewerten, kann man schließen, dass, wenn der Güterindex eines Individuums *A* niedriger ist als jener einer anderen Person *B*, *A* schlechter gestellt ist als *B*. Ganz in diesem Sinne legt Rawls, der ansonsten über das Bewertungsproblem schweigt, fest, dass alle Individuen den *gleichen* Grundgüterindex maximieren, also alle Individuen die *gleichen* Kombinationen von Grundgütern erstreben. Je höher, mit anderen Worten, der Grundgüterindex ist, desto höher ist das Befriedigungsniveau für alle Individuen im gleichen Ausmaß.

Mit dieser Gleichheitsannahme aber löst Rawls das Problem der intersubjektiven Vergleiche auf eine rein konventionelle Weise. Ganz wie Rawls verfuhr nämlich bereits der klassische Utilitarismus, indem er das Problem der intersubjektiven Nutzenvergleiche dadurch zu umgehen suchte, dass er die Gleichheit aller individuellen Nutzenfunktionen behauptete (Arrow 1973, S. 253 f.). Ähnlich verfährt in jüngerer Zeit auch Harsanyis auf der Basis des von Neumann-Morgenstern-Nutzenkonzepts reformulierter Nutzensummen-Utilitarismus, der – als ein nicht empirisches *a-priori*-Postulat – ein „Ähnlichkeitsaxiom" enthält, welches fordert, dass Menschen mit völlig identischen Lebenserfahrungen und genetischen Anlagen so anzusehen seien, als hätten sie den gleichen (von Neumann-Morgenstern-)Nutzen:

> „... if Peter had Paul's biological makeup, had Paul's life history behind him, and were currently subject to Paul's environmental influences, then he would presumably have the same personal preferences as Paul has now and would ascribe the same utility as Paul does now to each particular situation" (Harsanyi 1977, S. 58; Hervorhebungen im Original).

An anderer Stelle schreibt Harsanyi (1979, S. 301):

> „By this [= the similarity axiom; C. M.] I mean the principle that, given the basic similarity in human nature (i. e., in the fundamental psychological laws governing human behavior and human attitudes), it is reasonable to assume that different people will show very *similar* psychological reactions to any given objective situation, and will derive much the *same* utility or disutility from it - *once proper allowances have been made for any empirically observed differences* in their biological make-ups, in their social positions, in their educational and cultural backgrounds and, more gener-

ally, in their past life histories. In other words, in the absence of clear evidence to the contrary, the presumption must always be that people's behavior and psychological reactions will be similar in similar situations" (Hervorhebungen im Original; zum Ähnlichkeitsaxiom vgl. bereits auch *Harsanyi* 1977, S. 58; ders. 1982 [1977], S. 49–52).

De facto ist Harsanyis „Ähnlichkeitsaxiom", das in der Literatur auch unter dem Begriff der „Harsanyi-Doktrin" bekannt ist (Aumann 1987, S. 1 und S. 7; Binmore 1989, S. 90–92; ders. 1994, S. 61 und S. 210 ff.), nichts anderes als ein *Identitätsaxiom*, eine Tautologie der Form: „Wenn Peter Paul wäre, dann hätte Peter Pauls Nutzen."

Selbst Rawls' Begründung für die postulierte Gleichheit aller individuellen Präferenzordnungen über Grundgüterausstattungen ähnelt derjenigen Harsanyis: Während letzterer sein Ähnlichkeitsaxiom damit verteidigt, dass dieses Postulat aus der Anerkennung anderer Menschen als mit Bewusstsein und Gefühlen begabt resultiere,[13] leitet Rawls die intersubjektive Gleichheit der Grundgüterindizes aus seiner Annahme ab, dass sich die Individuen gegenseitig als freie und gleiche moralische Personen respektieren.

Der wesentliche (modelltechnische) Vorteil solcher Gleichheitsaxiome ist, dass sie in den individuellen Wohlstandsmaßen einen interpersonell identischen Nullpunkt definieren und sich dadurch *inter*personelle zu lediglich *intra*personellen Vergleichen individueller Wohlstandsniveaus verkürzen (Harsanyi 1977, S. 59; in Bezug auf sein Ähnlichkeitsaxiom). Wenn alle Individuen den gleichen Index von Grundgütern (als Maß für ihre individuellen Zufriedenheitsniveaus) maximieren, braucht ein Entscheider, der sich in die Seele eines anderen Individuums versetzen möchte, nur zu fragen, wie hoch *sein eigener* Grundgüterindex wäre, bekleidete er die Position des anderen. Wenn also die Individuen unter dem Schleier des Nichtwissens die Welt aus dem Blickwinkel des Schlechtestgestellten zu bewerten versuchen, legen sie alle ihrer Entscheidung dessen *tatsächlichen* Grundgüterindex zugrunde. Unter dieser Bedingung können die Beteiligten im Urzustand einen Konsens, der – von konstitutionellen Koordinationsproblemen abgesehen – nur an einer unterschiedlichen Grundgüter- bzw. Präferenzeinschätzung scheitern könnte, nicht verfehlen.

---

13 Vgl. Harsanyi (1979, S. 302): „The similarity postulate is the logical basis, not only for interpersonal comparisions of utility, but also for assigning other people conscious experiences at all. From a strictly empirical point of view, a world in which I were the only person with conscious experiences and in which all other people were unfeeling robots would be indistinguishable from our actual world, where, as common sense tells us, all normal humans are full self-conscious human beings. If those people who rejected the similarity postulate, and rejected interpersonal utility comparisons based on this postulate, were really consistent then they would have to conclude that they were the only persons with a conscious awareness, and that all other people were mindless automata" (Hervorhebungen im Original).

Wären aber alle individuellen Bewertungsfunktionen identisch, so ließe sich das gleiche Ergebnis auch auf der Basis einer konsequentialistischen Nutzenanalyse herleiten: Gegeben eine bestimmte gesellschaftliche Position, erführen alle Individuen die gleiche Wohlfahrt. Legten alle Betroffenen überdies den gleichen Rationalitätsgrundsatz – etwa das Maximin-Prinzip – zugrunde, so wäre auch insoweit ein monologischer Konsens garantiert.

4. Das Problem der Messung

Die Voraussetzung für die Möglichkeit eines intersubjektiven Vergleichs individueller Wohlfahrtsniveaus auf der Basis eines Gleichheitsaxioms ist es jedoch, dass das zu vergleichende Zufriedenheitsmaß für alle Individuen in objektiv überprüfbarer Weise ermittelbar ist. Hierin lag das zentrale Problem des utilitaristischen Maximanden „Nutzen", der sich aufgrund seiner Introspektivität einer *objektivierbaren Messung* entzog. Wenn Rawls sich also schon nicht in der Technik des intersubjektiven Vergleichs individueller Wohlfahrtsniveaus – d. h. in der Verwendung von Gleichheitspostulaten bezüglich der individuellen Bewertungsfunktionen – vom Utilitarismus unterscheidet, so muss sein Konzept der Grundgüter, um traditionellen Ansätzen überlegen zu sein, wenigstens das Messproblem auf zufriedenstellende Weise lösen. Aber auch dies ist nicht der Fall.

Das Problem der Messung individueller Wohlfahrt verlagert sich bei Rawls nur vom Problem der Quantifizierung von Nutzen auf jenes der Messung von Grundgüterindizes. Wäre nur ein einziges Grundgut – etwa Einkommen – zu quantifizieren, so mag man in der Gütermengenmessung noch wenig Probleme sehen, lässt man die aus der Besteuerungstheorie bekannten Abgrenzungsprobleme der Größe Einkommen einmal beiseite. Doch sind die Niveaus nicht aller Grundgüter so leicht zu messen wie das des Einkommens. Wären etwa die „sozialen Grundlagen der Selbstachtung" das einzige Grundgut, so erschiene das Messproblem keineswegs mehr so leicht wie jenes von Einkommen. Die intersubjektiv objektivierbare Messung unterschiedlicher Niveaus des Grundguts „soziale Grundlagen der Selbstachtung" dürfte sich als ein nicht weniger komplexes Problem erweisen als das der Messung der introspektiven Größe Nutzen, deren Verwendung Rawls umgehen möchte.

Bereitet aber die Messung des Niveaus von Grundgütern schon dann Schwierigkeiten, wenn nur ein einziges solcher Güter als Wohlfahrtsmaßstab herangezogen wird, so muss die Aggregation der von einem ganzen Bündel von Grundgütern gestifteten individuellen Wohlfahrt in einem einzigen Grundgüterindex umso problematischer erscheinen. In diesem Fall ergibt sich zusätzlich das nicht triviale Problem einer Gewichtung der Grundgüter in einer individuellen Zielfunktion. Wie viel mehr muss man etwa einem Individuum von dem Grundgut „die mit öffentlichen Ämtern verbundenen Vorteile" geben, um es für einen

Verlust des Grundgutes „soziale Grundlagen der Selbstachtung" in einer bestimmten Höhe zu entschädigen?

Fragen wie diese beantwortet Rawls nicht. Die objektive Messbarkeit aller Grundgüter und ihre Gewichtung in einem einzigen Güterindex behauptet er nur, belegt sie aber nicht. Die herkömmlichen Gerechtigkeitstheorien stießen auf das Problem, dass der Nutzen – da introspektiv – unbekannt war. Ganz ähnlich sind bei Rawls die Grundgüterindizes – wegen der Introspektivität der individuellen Gütergewichtungen – nicht messbar. Aus diesem Grund bleibt Rawls jenen „objektiven" Grundgüterindex schuldig, der für alle Menschen qua Zugehörigkeit zur Gruppe der moralischen Personen gleichermaßen gelten soll; vermutlich wird er sich gar nicht ermitteln lassen (Arrow 1973, S. 254; Wolff 1977, S. 134; Arneson 1990, S. 445; ders. 1992, S. 215; Pogge 1994, S. 134).

Hebt man indes die unhaltbare und offensichtlich *ad hoc* – d. h. nicht unabhängig vom gewünschten Theorieergebnis – eingeführte Behauptung der Messbarkeit aller Grundgüterausstattungen auf, so ist ein monologischer Konsens im Urzustand nicht länger garantiert. Die Parteien könnten selbst dann, wenn sie das Maximin-Prinzip gewissenhaft anzuwenden trachteten, zu unterschiedlichen Nutzenschätzungen gelangen und folglich unterschiedliche Personen für den Armseligsten in ihrer Gesellschaft halten. Im Extremfall könnte es dann, aus Sicht der Beteiligten im Urzustand, so viele „ärmste" Individuen geben wie Abstimmungsteilnehmer. Wiederum wäre man dem Ziel, einen von allen Parteien befürworteten Gesellschaftsvertrag zu ermitteln, nicht näher gekommen.

Indem sie die Lösung der Probleme der objektivierbaren Messung und interpersonellen Vergleichbarkeit von Grundgüterausstattungen nur behauptet, aber nicht löst, stößt die Rawls'sche Theorie auf erhebliche praktische Anwendungsschwierigkeiten. Wie will man etwa – im Falle der Zugrundelegung unterschiedlicher sozialer Wohlfahrtsfunktionen – das Unterschiedsprinzip gegenüber jenen Personen verteidigen, die es zwar nicht schaffen, von allen Gesellschaftsmitgliedern als die am schlechtesten gestellten Individuen angesehen zu werden, sich aber als solche fühlen? Glaubt jemand tatsächlich, dass das Los, welches er selbst trägt, das schlechtestmögliche ist, wird es schwierig sein, ihn unter Hinweis auf das Gedankenexperiment im Urzustand zu der Einsicht zu bringen, dass sein Schicksal in der gesellschaftlichen Wohlfahrtsfunktion keinerlei Berücksichtigung finden soll, weil andere Individuen aufgrund einer Grundgüterschätzung, die er selbst nicht teilt, statt seiner als die Armseligsten der Gesellschaft angesehen werden (Mueller 2003). Rechtfertigungsprobleme dieser Art lassen große Zweifel daran aufkommen, ob das Unterschiedsprinzip tatsächlich ein Gerechtigkeitsgrundatz ist, der das Leben in einer „wohlgeordneten Gesellschaft" regulieren könnte, die von Rawls ja als eine Gesellschaft definiert wird, „in der alle dieselben obersten Grundsätze von Recht und Gerechtigkeit anerkennen und jeder weiß, dass alle anderen sie ebenso anerkennen" (Rawls 1992 [1980], S. 88).

5. Schluss

„Rawls' Konzeption der Grundgüter", rühmt Wolfgang Kersting (1993, S. 71), „ist ein großartiger philosophischer Einfall", da sie „dem leidigen Problem der interindividuellen Nutzenvergleiche [entgeht; C. M.], das die Wohlfahrtsökonomie und die utilitaristische Moralphilosophie bei ihrer Bestimmung des zu befördernden größeren gesellschaftlichen Nutzens drückt". Die voranstehenden Überlegungen lassen diese Einschätzung jedoch als zu optimistisch erscheinen.

Der Rawls'sche Ansatz der Grundgüter ist ebenso traditionell wie untauglich: Traditionell ist die Grundgüterkonzeption, indem sie das Problem der interpersonellen Vergleichbarkeit letztlich auf die gleiche Weise – nämlich durch ein Gleichheitsaxiom – zu lösen versucht wie der von Rawls geschmähte Utilitarismus schon viele Jahrzehnte früher. Untauglich ist die Theorie der Grundgüter, da sie das Problem der fehlenden Messbarkeit des Zufriedenheitsmaßes der Individuen ebenso wenig lösen kann wie der Utilitarismus oder die Wohlfahrtsökonomik. Mit seinem Konzept der Grundgüter füllt Rawls lediglich alten Wein in neue Schläuche.

Lässt man die unhaltbaren Annahmen, dass alle Individuen die gleichen Ausstattungen von Grundgütern erstreben und diese Güterbündel zudem intersubjektiv messbar seien, fallen, tauchen alle Probleme, die sich dem Utilitarismus oder der modernen Wohlfahrtsökonomik wegen der Introspektivität ihrer Basisgröße Nutzen in den Weg stellten, in der Rawls'schen Gerechtigkeitstheorie in analoger Form wieder auf. Es ist nicht zu sehen, dass das Problem der Messung und des intersubjektiven Vergleichs von Grundgütern in irgendeiner Weise einfacher sein sollte, als das der Messung und des intersubjektiven Vergleichs der traditionellen Maßgröße Nutzen, die Rawls so elegant zu umschiffen suchte. Sind folglich die Mess- und Vergleichsprobleme von Grundgütern lösbar, so müsste auch das Problem der Quantifizierung und utilitaristischen Saldierung interpersoneller Nutzengrößen lösbar sein, und die „Theorie der Gerechtigkeit" besäße insoweit gegenüber dem Utilitarismus keine Vorteile.

Rawls' Konzeption der Verteilungspolitik ist daher im Vergleich zum Utilitarismus nur insofern weniger voraussetzungsreich, als sie lediglich eine interpersonelle Vergleichbarkeit *ordinaler* Grundgüterindizes verlangt.[14] Doch selbst diesen Vorteil verdankt seine „Theorie der Gerechtigkeit" nicht dem Konzept der Grundgüter, sondern allein der – noch dazu unplausiblen (dazu Müller 2000) – Annahme, dass der Urzustand eine Entscheidungssituation unter Unsicherheit darstelle, nicht aber eine Situation unter Risiko.

---

14 Vgl. in diesem Sinne Arrow (1973, S. 254). Offensichtlich falsch ist hingegen die Behauptung von Wolff, Rawls' Argument für das Maximin-Prinzip setze interpersonell vergleichbare kardinale Nutzenfunktionen voraus; vgl. Wolff (1976, S. 855), ders. (1977, S. 28, S. 87 und S. 133 ff).

Literatur:

Arneson, R. J., 1992: Property Rights in Persons. In: Paul, E. Frankel/Miller, F. D./Paul, J. (Hrsg.): Economic Rights. Cambridge, S. 201–230.

Arneson, R. J., 1990: Primary Goods Reconsidered. Noûs 24. S. 429–454.

Arrow, K. J., 1973: Some Ordinalist-Utilitarian Notes on Rawls's Theory of Justice. Journal of Philosophy 70. S. 245–263.

Arrow, K. J., 1963: Social Choice and Individual Values. 2. Auflage, New Haven, London.

Aumann, R. J., 1987: Correlated Equilibrium as an Expression of Bayesian Rationality. Econometrica 55. S. 1–18.

Beauchamp, T. L., 1980: Distributive Justice and the Difference Principle. In: Blocker, H. G./Smith, E. H. (Hrsg.): John Rawls' Theory of Social Justice. An Introduction. Athens, S. 132–161.

Bentham, J., 1970 [1781]: An Introduction to the Principles of Morals and Legislation. Hrsg. von J. H. Burns und H. L. A. Hart. London.

Bergson, A., 1938: A Reformulation of Certain Aspects of Welfare Economics. Quarterly Journal of Economics 52. S. 310–334.

Binmore, K., 1994: Game Theory and the Social Contract. Volume I: Playing Fair. Cambridge/Mass., London.

Binmore, K., 1989: Social Contract I: Harsanyi and Rawls. Economic Journal 99 (Supplement 1989). S. 84–102.

Blankart, C. B., 2003: Öffentliche Finanzen in der Demokratie. 5. Auflage, München.

Bohnen, A., 1964: Die utilitaristische Ethik als Grundlage der modernen Wohlfahrtsökonomik. Göttingen.

Dworkin, R., 1981: What is Equality? Part 1: Equality of Welfare, Part 2: Equality of Resources. Philosophy and Public Affairs 10. S. 185–246 und S. 283–345.

Feldstein, M., 1973: On the Optimal Progressivity of the Income Tax. Journal of Public Economics 2. S. 357–376.

Giersch, T., 1993: Bergson-Wohlfahrtsfunktion und normative Ökonomie. Frankfurt am Main u. a.

Habermas, J., 1983: Moralbewußtsein und kommunikatives Handeln. Frankfurt am Main.

Harsanyi, J. C., 1982 [1977]: Morality and the Theory of Rational Behaviour. In: Sen, A./Williams, B. (Hrsg.): Utilitarianism and Beyond. Cambridge u. a., S. 39–62.

Harsanyi, J. C., 1979: Bayesian Decision Theory, Rule Utilitarianism, and Arrow's Impossibility Result. Theory and Decision 11. S. 289–317.

Harsanyi, J. C., 1977: Rational Behavior and Bargaining Equilibrium in Games and Social Situations. Cambridge u. a.

Harsanyi, J. C., 1976 [1975]: Can the Maximin Principle Serve as a Basis for Morality? A Critique of John Rawls's Theory. In: Harsanyi, J. C.: Essays on Ethics, Social Behavior, And Scientific Explanation. Dordrecht, S. 37–63.

Harsanyi, J. C., 1975: Nonlinear Social Welfare Functions. Theory and Decision 6. S. 311–332.

Harsanyi, J. C., 1955: Cardinal Welfare, Individualistic Ethics, and Interpersonal Comparisons of Utility. Journal of Political Economy 63. S. 309–321.

Harsanyi, J. C., 1953: Cardinal Utility in Welfare Economics and in the Theory of Risk-Taking. Journal of Political Economy 61. S. 434–435.

Hinsch, W., 1997a: Gerechtfertigte Ungleichheiten. Eine Verteidigung des Differenzprinzips. Unveröffentlichte Habilitationsschrift. Philosophisches Seminar der Westfälischen Wilhelms-Universität, Münster.

Hinsch, W., 1992: Einleitung. In: Rawls, J.: Die Idee des politischen Liberalismus. Aufsätze 1978–1989. Hrsg. von W. Hinsch. Frankfurt am Main, S. 9–44.

Jakob, T., 1996: Die Ethik John C. Harsanyis. Dissertation. Fachbereich Philosophie der Gerhard-Mercator-Universität GH, Duisburg.

Kersting, W., 1993: John Rawls zur Einführung. Hamburg.

Kley, R., 1989: Vertragstheorien der Gerechtigkeit. Eine philosophische Kritik der Theorien von John Rawls, Robert Nozick und James Buchanan. Bern, Stuttgart.

Little, I. M. D., 1952: Social Choice and Individual Values. Journal of Political Economy 60. S. 422–432.

Müller, C., 2004: Verteilungspolitik und Maximin. Gerhard Weisser und John Rawls' „Theorie der Gerechtigkeit". Sozialer Fortschritt 54. S. 47–53.

Müller, C., 2002: The Methodology of Contractarianism in Economics. Public Choice 113. S. 465–483.

Müller, C., 2000: Das vertragstheoretische Argument in der Ökonomik. Berlin.

Mueller, D. C., 2003: Public Choice III. Cambridge.

Nagel, T., 1975 [1973]: Rawls on Justice. In: Daniels, N. (Hrsg.): Reading Rawls. Critical Studies on Rawls' A Theory of Justice. Oxford, S. 1–16.

Pogge, T. W., 1994: John Rawls. München.

Rawls, J., 1994 [1971]: Eine Theorie der Gerechtigkeit. 8. Auflage, Frankfurt am Main.

Rawls, J., 1993: Political Liberalism. New York.

Rawls, J., 1992 [1989]: Der Bereich des Politischen und der Gedanke eines übergreifenden Konsenses. In: Rawls, J.: Die Idee des politischen Liberalismus. Aufsätze 1978–1989. Hrsg. von W. Hinsch. Frankfurt am Main, S. 333–363.

Rawls, J., 1992 [1987]: Der Gedanke eines übergreifenden Konsenses. In: Rawls, J.: Die Idee des politischen Liberalismus. Aufsätze 1978–1989. Hrsg. von W. Hinsch. Frankfurt am Main, S. 293–332.

Rawls, J., 1992 [1985]: Gerechtigkeit als Fairneß: politisch und nicht metaphysisch. In: Rawls, J.: Die Idee des politischen Liberalismus. Aufsätze 1978–1989. Hrsg. von W. Hinsch. Frankfurt am Main, S. 255–292.

Rawls, J., 1992 [1980]: Kantischer Konstruktivismus in der Moraltheorie. In: Rawls, J.: Die Idee des politischen Liberalismus. Aufsätze 1978–1989. Hrsg. von W. Hinsch. Frankfurt am Main, S. 80–158.

Rawls, J., 1992 [1977]: Die Grundstruktur als Gegenstand. In: Rawls, J.: Die Idee des politischen Liberalismus. Aufsätze 1978–1989. Hrsg. von W. Hinsch. Frankfurt am Main, S. 45–79.

Rawls, J., 1982: Social Unity and Primary Goods. In: Sen, A./Williams, B. (Hrsg.): Utilitarianism and beyond. Cambridge u. a., S. 159–185.

Ricken, F., 1997: Ist eine moralische Konzeption der politischen Gerechtigkeit ohne umfassende moralische Lehre möglich? In: Philosophische Gesellschaft Bad Homburg/Hinsch, W. (Hrsg.): Zur Idee des politischen Liberalismus. John Rawls in der Diskussion. Frankfurt am Main, S. 420–437.

Samuelson, P. A., 1981: Bergsonian Welfare Economics. In: Rosefielde, S. (Hrsg.): Economic Welfare and the Economics of Soviet Socialism. Cambridge, S. 223–266.

Samuelson, P. A., 1947: Foundations of Economic Analysis. Cambridge/Mass.

Schmidt, J., 1991: Gerechtigkeit, Wohlfahrt und Rationalität. Axiomatische und entscheidungstheoretische Fundierungen von Verteilungsproblemen. München.
Schwartz, A., 1973: Moral Neutrality and Primary Goods. Ethics 83. S. 294–307.
Sen, A., 1982 [1979]: Interpersonal Comparisons of Welfare. In: Sen, A.: Choice, Welfare and Measurement. Oxford, S. 264–281.
Sen, A., 1982 [1977]: On Weights and Measures: Informational Constraints in Social Welfare Analysis. In: Sen, A.: Choice, Welfare and Measurement. Oxford, S. 226–263.
Wolff, R. P., 1977: Understanding Rawls. A Reconstruction and Critique of A Theory of Justice. Princeton/N. J.
Wolff, R. P., 1976: On Strasnick's 'Derivation' of Rawls's 'Difference Principle'. Journal of Philosophy 73. S. 849–858.

Social Market Economy in Hungary – Its History, Presence and Outlook

Péter Ákos Bod

1. Introduction

Hungary is one of the few countries where the term ***S**ocial **M**arket **E**conomy* (SME) is written into the Constitution, and perhaps the only one whose basic law names this concept in the first paragraph.[1] The present Hungarian Constitution, a product of the regime change in 1989, opens with the sentence:

> *"In order to facilitate a peaceful political transition to a constitutional state, establish a multi-party system, parliamentary democracy and a social market economy, the Parliament of the Republic of Hungary hereby establishes the following text as the Constitution of the Republic of Hungary, until the country's new Constitution is adopted."* [2]

Before discussing the term and its content, it is worthwhile to note that the Preamble refers to a "new Constitution"; yet, such of piece of law has not been created, and under the present political conditions in Hungary it seems unlikely that the parliamentary parties would soon agree on a new Constitution. In addition, should the political forces come to an agreement on a new basic law, it is far from sure that the term of Social Market Economy would maintain its present eminent position.

What follows is, first, a recapitulation of the chain of events that led to the incorporation of the term Social Market Economy into the existing Constitution, second, a review of the meaning and content of that term in the Hungarian context, and third, estimation of the degree to which the SME concept has been implemented in Hungarian economics and social policies. The essay concludes with the author's view on the applicability of the concept in the particular Hungarian set-up, and, more broadly, in open, trade dependent EU member states.

---

1 The Polish Constitution also names Social Market Economy and a basis of the economic order of the Republic; see: Elżbieta Mączyńska: *Die Rolle des Staates unter den Bedingungen des zivilisatorischen Umbruchs*. Osteurope – Wirtschaft. 40 Jhg. 4/2004, pp. 353–367. Reference is made to Konsytucja Rzeczpospolitej Polskiej (1997).

2 *The Constitution of the Republic of Hungary*, Hungarian National Assembly. www.parlament.hu/alkotmany/constitution.htm. The Constitution still carries the title *Act XX of 1949*, since the "old" constitution enacted in the Stalinist period was profoundly rewritten first in 1989 and modified several times after that.

2. The Hungarian perception of the term

It may surprise the students of Social Market Economy or *Soziale Marktwirtschaft* (SMW)[3] that the concept was widely discussed and well received in Hungary immediately after its birth. Wilhelm Röpke's *Die Gesellschaftskrisis der Gegenwart*, published in German in spring 1942, was instantly translated into Hungarian – perhaps the first translation at all. The book came out in 1943 under the Hungarian title *Harmadik Út (*The Third Way), sold well, and was reprinted in the following year.

The choice of the title *Harmadik Út* led to consequences; it probably contributes to the widespread and still present misunderstanding concerning the Social Market Economy concept. At that time, Third Way was a collective term used for a particular social tendency consisting of writers, social scientists and publicists, critical intellectuals; an interesting but complex set of Hungarian social thinkers.

1943, the year of publication, meant a particular historical moment for Hungary. Geopolitical and domestic conditions before the war and during the war years had drastically reduced the feasible options for anyone seeking to conceive a better future for Hungary. The regime of *Admiral Horthy* made certain efforts to upkeep the institutions of a constitutional state and to maintain a degree of civic order, but social tensions accumulated, democratic rights were gradually eroded and later drastically curtailed. In the early 1940s, official Hungary's alliance with Hitler's national socialist regime cast a menacing cloud on the whole Hungarian society. At the same time, news and reports emanating from the Soviet Union were equally frightening, even if the real depth of the terror and suppression was just not known to the public.

Under such conditions, Third Way thinkers, first of all, declared their unambiguous protest against both types – the German and the Soviet – of oppressive regimes. Others, on the other hand, defined it as a third option towards *capitalism* and *socialism* of their age. That is capitalism in the style of the US and Western Europe as it evolved in the preceding crisis decades (1920s through 1940s), on the one hand, and Marxist Socialism, on the other. Again, others defined the notion that the term Third Way allures to, as a model society – something very different from the then existing *Hungarian capitalism,* on the one hand, and the *Hungarian adaptation of Socialism,* on the other – the latter remaining a theoretical concept, since Hungary had not experienced a fully

3 Throughout in this essay, Social Market Economy will be abbreviated as SMW after its historic origin, also to avoid confusion with Small and Medium Sized Enterprises – regularly referred to as SMEs.

fledged socialist or social democratic alternative.[4] If these are the choices Third Way rejects, it is not surprising that Third Way social thinkers and reformers came to very different conclusions under the same Third Way label. Judged by what they stood for, some could be regarded as traditionalists, others as social liberals; again others might be called elsewhere "narodnik" or even outright left-winger.

If that was the case during the war years, misunderstanding could only increase after the end of the Second World War. The true concept of SMW as elaborated by *Röpke, Eucken, Alfred Müller-Armack, Alexander Rüstow, Erwin von Beckerath,* or the practice of decision makers such as *Ludwig Erhard* and *Adenauer* could not possibly be digested and absorbed in Hungary after 1945 due, again, to adverse local conditions. Eucken's publications were not translated into Hungarian at that time. Actually, his oeuvre has remained to date outside the Hungarian economists' canon altogether. Nor was Röpke's *Civitas Humana* (written in 1944) translated into Hungarian during the short-lived semi-democracy after the war ended in spring 1945.[5] Thus the intellectual gap between what Eucken, Röpke and others of the SMW tendency represented, and what "Social" Market and Third Way believers stood for in Hungary after WWII, could only widen with the passage of time. Gradually, Hungary got absorbed into the Soviet sphere of interest, and eventually became a communist run closed society by 1947.

The issue of *regime choice* – if such choice had ever existed at all for Hungary – had ceased to exist altogether by that time. The various concepts of the Third Way submerged into insignificance.

For long decades, non-socialist and anti-socialist philosophy and social science had not been allowed to appear in Hungary; such tendencies could not legally organize themselves, with no room left for social dialogue about regime choice in Hungary, certainly less than in Poland where the institutions of the Catholic Church offered some limited publicity to thinkers outside the Marxist mainstream of the regime. It was not before the end of 1980s that the public discourse could again include issues of comparative sociology and politics, and particularly the question: W*hat sort of society* we wish to replace the corrupt and inefficient State Socialism?

Third Way intellectuals emerged by the end of that decade and they played some role in organizing civil movements within the slowly disintegrating socialist regime. In 1988 and 1989, opposition parties were formed in Hungary in large numbers, providing opportunities for socially active intellectuals to try to

---

4 Social democratic parties existed in Hungary, and could legally function since the consolidation of the 1920s, following the violent period of revolutions and counter-revolutions during the years 1918–1920.

5 A selection was translated into Hungarian much later, in 1996, with the support of the Hanss Seidel Foundation by J. T. Horváth.

put their ideas into practice. Poets and playwrights like *S. Csoóri, D. Csengey* and *I. Csurka* were hard to define as for their ideological orientation – a perennial problem with most Third Way thinkers. Sharing an anti-communist platform, they may not have agreed among themselves on all major issues of the age, but they certainly represented something different from the received definition of *Conservativism*, whether one defines it in philosophical term or as *centre-right*, in political terms.

Did Third Way intellectuals join the wrong party when they entered the centre-right *Magyar Demokrata Fórum* (Hungarian Democratic Forum)? During the long "social search" process many of the Third Way personalities found political home in MDF, the major Hungarian party that emerged among the very firsts during the political transition; the one that after the first free election provided the parliamentary majority for the first democratically elected centre-right (Conservative) government.[6] In fact, most parties in an early stage of their development from 1988 through 1990 absorbed certain non-compatible tendencies for a while.

But "they entered the wrong door"-type explanation would simplify the dilemma whether Third Way concepts are alien or not to a conservative party. The term conservative itself is open to various interpretations in the historical context of Hungary as well as of other Central Eastern European countries.

Interestingly, the term "conservative" is not much in use in Hungary at present, and the public attitude to conservatism has been uncertain at best, for some time. An author, taking part in a recent debate on the pages of a Hungarian weekly on conservatism, argues: Hungarian public figures embedded in the Austro-Hungarian Monarchy in the 19th century tended to define themselves as liberal vis-à-vis conservative Vienna; some became radicals during the period between two World Wars, while later the term conservative gained negative connotation under the communist regime, which, eager to uproot all national traditions, identified conservative with *reactionary*.[7] Therefore, in the last one and half century the term always meant something different. Its content has not been properly defined in public discourse so far.

The ambiguities surrounding the term were acute at the time of the Hungarian regime change. Without using the term conservative, the MDF in year 1989 and 1990, in preparation for the first free election, joined the political arena as

---

6 The collaboration between the mentioned intellectual tendencies these personalities represented and the MDF gradually weakened. As for the above persons: Csoóri withdrew from party politics, D. Csengey died early in the 1990s. I. Csurka was expelled from the MDF in 1993 and set up a radical party of his own (MIÉP – Hungarian Truth and Life Party), with anti-establishment and anti-market politics – a sort of protest party that has been classified by analysts as extreme right (but as for its view on economy, it is rather close to another small, non-parliamentary party: the Communists ("Labour Party").

7 Egedy, Gergely: *Konzervatív minimum*. Heti Válasz. Volume 5, No 12. 2005. March 24.

standing for a classical centre-right/conservative agenda: return to parliamentary democracy and market economy. *Return*, not only *transition*. Hungary and some other countries in the region (eminently Czechoslovakia and Poland) had been constitutional states and market-based economies before the Second World War, thus what was in the making after 1989 in their case meant not simply a change but also a return to their historic roots.[8]

The MDF as a party in opposition to the still ruling communists (Hungarian Socialist Working Party) until 1990, made it clear that the country needed a break with the planned economy even if its Hungarian version had become somewhat "liberal"; it rejected State Socialism as such, whether reformed or unreformed. This political programme in 1989 was unambiguous under party chairmanship of *Dr. Antall*; in fact, a *radical* one, in spite of the legalistic argument and non-inflammatory public discourse so typical of the MDF within the Hungarian political spectrum of the age. Is there a case of incongruence? Classical conservatism, as a rule, is a non-radical and organic tendency, eager to conserve proven social values; yet, in the time of deep social changes, MDF as centre-right (in West European sense: conservative) party offered a *radical option* compared to the successor party of the previous communist establishment or to some "middle-of the-road" social movements.

A personal aspect should be mentioned here: the election of the historian *József Antall* as party chairman in October 1989 gave important new directions to the MDF and later to the government he headed since April 1990. Antall was not a "third way" nor a neither-fish-nor-meat intellectual: he came from a politically minded family, his father was a centre-right politician active before WWII who became cabinet minister right after the war before the sovietisation of the country; Antall with this background in 1989 emerged as a public figure who demanded not less than constitutional state, parliamentary democracy and a market (capitalist) economy. Antall made it very clear that he would not be satisfied – unlike some of the representatives of the Third Way within and outside of his party – with a reformed version of state socialism. He knew well and respected the theory as well as the practice of "Soziale Marktwirtschaft" in Germany, and regarded it a possible model for the Hungarian reconstruction.[9]

As a result of Antall's elevation to party chairmanship and the concomitant inflow of professionals into the MDF, the party determinedly moved in late 1989 to the centre-right direction in the given Hungarian party landscape, allow-

---

8 In the context of economic development in Central Eastern Europe, I make this point as opposed to the present mainstream view of "transition". See: Péter Á. Bod: *A Great Transformation? Banking and Capital Markets in 'Transition Countries'*. MES Schriftenreihe, Europa-Universität, Viadrina.

9 See my chapter on Antall in Eminent Europeans. P. A. Bod: *József Antall - Prime Minister of Hungary*. In: Martyn & Smith & Wallace (Eds): *Eminent Europeans - Personalities who shaped contemporary Europe*. pp. 214–227. The Greycoat Press, London, 1996.

ing the Alliance of Free Democrats (SZDSZ) to take the centre-left – which suited them better than their previous position as radical anti-communists. The political views and personal life paths of many leading personalities of SZDSZ have objectively associated them with the Left, even if this party in search for more votes during the campaign in 1989 took a quite radical anti-communist position. Eventually, in the first democratic elections, these two parties – MDF and SZDSZ – ended up competing for the top position, while the Socialist Party, the successor of the previous establishment party, and other smaller conservative and liberal parties vied for secondary positions. In this context, the program of the MDF and the views of Antall, its party chairman and a future prime minister, counted a lot.

The party program of the MDF explicitly spoke of the concept of social market economy.[10] It called for *deregulation* as part of the fight against bureaucracy, monopolies and other restrictions on market competition; adding at the same time that MDF demanded an efficient market supervision and that it stood for enforcing the norms of fair trade (that is, for *re-regulation* as well). The party also supported the decrease of the scope and size of the public sector, and called for *privatization*, emphasising the significance of a vibrant middle class. Contents analysis of the main conceptual elements of the MDF programme thus justifies its self-definition as a party for social market economy.

The other major opposition party (SZDSZ) offered a rather text book liberal solution for the Hungarian transition problems: quick privatisation, deep reduction of the role of the state, instant opening up to foreign capital market and full reliance on market forces, while income and wealth differences were to be corrected through welfare measures.

Interestingly, the socialist party and its quite extensive supporting institutions in academia, business and media, also took a rather liberal, even sometimes libertarian, position concerning state functions. This may sound strange for a nominally socialist or Social Democratic Party.

Yet, one has to keep in mind that the former ruling nomenclature had no interest in maintaining any market supervision function of the state, particularly if this control function would be exercised by a government not under their rule. They wished even less a state that vows to correct social imbalances and to break market monopolies since most such corrections would threaten the positions of the former *political nomenclature* that had, by that time, turned into a *business elite*.

Very fast privatisation under, say, management buy-out schemes sounds well in theory, but in practice it might mean that incumbents capture most of the public assets. Such a policy, thus, would only cement the hegemonic political

10 *A Magyar Demokrata Fórum Programja* (Programme of the Hungarian Democratic Forum). Editor: J. Antall. Budapest, October 1989.

positions of the previous (party-)elite into the ownership structure of the new Republic. Alternatively, the policy of speedy "assets-for-cash" privatisation will favour the positions of foreign capital: if state assets are sold for cash through competitive bidding, the chances are very high that the assets will land with cash-rich foreigners rather than with domestic small and medium size businesses. Why the socialist supported a liberal-libertarian alternative to "Ordnungspolitik" issues is easy to understand; what is less clear why the vocally anti-communist Free Democrats thought that the policy of speedy privatisation would work well in a society in transformation.

All these later developments in privatisations were, of course, made possible by the first free elections in March 1990 and, prior to that, by a new constitution that opened up legal preconditions for opposition parties to conduct political campaign in a free election. This was thus the time when the term SMW found its way into the Preamble of the text. Exact circumstances of the actual drafting of the text are hard to reconstruct now, but the following scenario seems to be probable.

The date is Summer of 1989; with Soviet troops still in Hungary, the country is nominally a party state, the communists dominate the sitting Parliament. The Hungarian Socialist Workers' Party (MSZMP) in hegemonic power for decades, at that moment represented one side at the *national round table negotiations*. As for the text of the new constitution, this party initially insisted on naming *socialism* as a constituting element of the new democracy. When the MSZMP sensed the resistance coming from the unified opposition (MDF, SZDSZ, FIDESZ and other smaller organizations) representing the other side at the round table, it gave up pushing the term "Socialism". This must have been the moment when Antall offered a reference to *social market economy*.

Most of the persons representing their respective parties in the editing committee must have had less than full knowledge of what the term meant. The reconstructed Socialist Party (formed in October 1989 as a legal successor party of the MSZMP) did not want to be seen as ideologically linked to the communist-socialist past, so it did not insist on socialism, and did not object to the adjective "social". Their representatives may have thought that "social" is not much far from "socialist". What is a fact: The term social market economy was incorporated into the first election manifesto of the Socialist Party!

Misunderstanding or not, the term was enacted by the outgoing Parliament as part of the text of the year 1989 Constitution.

3. SMW in action – the Hungarian case

It is of course another story whether or not the original concept of Social Market Economy has been put to work during the transformation years in Hungary. In order to judge the case, first of all the basic tenets of SMW must be defined. For that purpose, three main policy issues of the Social Market Economy concept, common under the numerous variants of it, are suggested here, namely attempts to deduce the size and scope of the State and maintain price stability; keeping big business at check and market competition alive and supporting the SME sector.

In these respects, the successive Hungarian governments have not been very efficient. Reduction of the *ratio of redistribution* (government expenditure as percentage of GDP) has been slow and uneven. The first freely elected government of Prime Minister Antall (1990 to 1993, followed by PM *Boross* after Antall's death) did manage to reduce the size of central government by strengthening local authorities and moving social security funds outside the central government. Central government became smaller, its role was drastically reduced in economic affairs, yet the ratio did not decline; not due to lack of efforts, but rather because of the deep contraction of the national income.

The following, Socialist-led government of PM *Horn* that came to power in the summer 1994, at first let the economy drift, then noticing a looming monetary crisis, quickly reduced state spending in March 1995 under a stabilisation package ("Bokros package" named after the minister of finance in office). Unfortunately, some of the public expenditure savings turned out to be of transitory nature.

Later, the subsequent civic (non-socialist, centre-right) government of PM *Orbán* managed to cut public sector deficit, and slightly reduce the share of public expenditures to GDP. The Socialist-Free Democrat coalition returned to power in 2002 with a grand spending scheme ("Welfare regime change") under PM *Medgyessy* – launching very expensive spending programs that were soon to undermine the fiscal position of the Hungarian state. Medgyessy had to go once the damages done to economy began to surface. But the same coalition under PM Gyurcsany continued its spending programs and even declared massive tax cuts before the next elections, in light of the "roaring economy". This all has lead to public sector deficits of alarming size (over 9 per cent of GDP in 2006), as the public learnt after the elections. On promises, the same coalition managed to win elections in 2006, only to reveal soon after the victory the true data on soaring state debts and record size of deficits.

The conclusion is that rolling back of the big government has not been a success story. Just the opposite: Hungary recorded the highest deficit per GDP figures among the 27 member states of the enlarged European Union in 2006 – hardly a tenet of SMW à la Adenauer.

What about other characteristics of the SMW? As for *price stability*, it is again hard to compare the achievements of various Hungarian governments. The Antall cabinet inherited sizable monetary overhang and strongly embedded inflation expectations in 1990. Against this background, its inflationary record was still rather good. The left wing coalition to enter into office in 1994 resorted to a surprise inflation trick in 1995 as an integral part of its stabilization package – something which is very much an anti-SMW measure. The third coalition (again centre-right) under PM Orbán during 2001–2002 managed to break the stubborn inflationary trend it had inherited from the previous (Socialist/Free Democrat) government. The leftist governments after 2002 have had a mixed record on monetary stability: inflation declined when taxes were reduced, but prices immediately increased once in 2006, after the revelation of the true situation of the public finance, a series of new taxes, were introduced.

Given that Hungary meanwhile became member of the EU, its Central Bank is much more independent than before, thus the Socialist-led Cabinet could not resort again to surprise inflation. Yet, consumer price index is relatively high, interest rate is much higher in Hungary than in other new member states (not to mention the Euro-rates), and Hungary is unable to meet any of the Maastricht criteria for entering the Euro-zone.

The macroeconomic policy stances under centre-right and socialist-led government therefore do show some pattern supporting our hypothesis: centre-right, civic governments care more about the value of currency and they (in theory) prefer a smaller state, while the left has not cared that much for price stability and has had its public spending fits. Yet, on the whole there has been certain continuity in Hungarian policies: fiscal probity has been weak throughout these 15 years.

Even less can be said of the second trait of the SMW concept's implementation in Hungary: *keeping big business at bay*. The Hungarian economy is very much of a dual nature: it is dominated by large (mostly foreign owned) firms on the one hand and populated by a high number of under-funded micro, small and medium sized firms, on the other. But this duality cannot come as a surprise, neither the soft attitude of governments to multinational firms. Most countries in the region have attempted, from the very start of the regime change, to absorb foreign capital and technology in the form of *foreign direct investments* (FDI) and have offered sweeteners for large foreign firms. However, FDI-friendly policies do not mix well with a strong anti-monopoly stance.

This is not a specific Hungarian issue. But Hungary entered the regime change phase heavily indebted and was thus very much dependent on the capital markets and in need of foreign investments. Yet, in the very first years of transformation, Hungary emerged as a country successful in absorbing FDI and selling a large number of the public sector enterprises to foreign strategic investors through competitive bidding. *Privatisation* stands out as perhaps the most important policy instrument in the hands of the government, and its main technique as a very effective shaper of the "Ordo" of the new economy. In Hungary, the main avenue to privatisation has been *direct sale* of state assets for the highest bidder.

Unquestionably, the method of market sale tends to favour foreign investors over domestic players, who can hardly compete with the former in terms of purchasing power. Thus in the first full year of Hungarian privatisation, about 80 per cent of revenues accrued to the Privatisation Agency through the sale of state assets to foreigners. Hungary emerged as the country in the region with really significant foreign direct investment in the early 1990s, in spite of output contraction that was nearly as deep as in other transition countries.

The first government after the change, led by PM Antall, sensed the dangers inherent in privatization excluding domestic players, and it made great efforts to create the appropriate legal and financial conditions for local businesses. This government, often described as patriotistic, certainly tried to balance the foreign/domestic composition, that is, to avoid the dominance of foreigners in buying Hungarian state assets. Yet, in spite of corrective measures, the nature of direct sales gave rise to a predominance of foreign buyers.[11]

Table 1: Initial methods of privatisation for medium-sized and large enterprises

Percentages of total

Country	*Sale to outside owners*	*Management/ employee buyout*	*Equal-access voucher privatisation*	*Restitution*	*Other*	*Still in state hands*
Czech Rep						
By number	32	0	22	9	28	10
By value	5	0	50	2	3	40
Hungary						
By number	38	7	0	0	33	22
By value	40	2	0	4	12	42
Poland						
By number	3	14	6	0	23	54

Note: Data are as of the end of 1995.[12]

Preponderance of foreign strategic investors lends radical character to the structural transformation of the economy. In the Hungarian case, micro-shocks went mostly unnoticed as they took place within the privatised firms, without much ado. The pattern as demonstrated in Hungarian privatisation was as follows. First, outside (mostly foreign) buyers quickly transform corporate governance by introducing their own management system. Then the new management radi-

11 See Bod (1997). Op. cit.

12 World Development Report, World Bank, 1996. Washington DC.

cally rearranges the organisations by reducing redundant labour and closing down non-core activities. Reorganisation generally involves further investments into both machinery and facilities and financial restructuring through loans from parent companies.

Hungary may be the country where sale to outside owners is most prevalent, but this technique has been applied in other countries too, such as the high profile cases in the *Czech Republic* (SPT Telecom, Volkswagen-Skoda, Philip-Morris-Tabak, Continental-Barum). In the case of *Poland*, sales of state assets to foreigners initially started slower, but capital increases in already privatised companies became more frequent. The size of the Polish market in itself is a factor that has increasingly contributed to strong capital inflows in recent years.

To illustrate the pattern, let us take the *car industry* which has been the single most important investor in the region: Volkswagen has invested heavily in the Czech Republic and Slovakia; GM-Opel in Poland and Hungary; Fiat and Daewoo in Poland; Suzuki, Ford and Audi in Hungary. Car manufacturers typically invest into the "greenfield", although not exclusively (as exemplified by the VW-Skoda deal). Still the fact is, that these modern plants function apart from the domestic economy, and there have been few linkages with the small and medium sized enterprises (SMEs) of the host countries.

The conclusion therefore is, that both the control over "big business" and the support of the SME sector have been very limited during the whole period of transformation.

Still, there have been important differences. The Antall government introduced specific support measures for domestic small and medium firms (the so-called Existence Loan, the Privatisation Loan), and offered preferential treatment to small entrepreneurs in the first round of privatisation involving restaurants and retail shops in 1990 and 1991. Over 200 companies were denationalized in the first years of the 1990s through Employee Stock Ownership Plans (ESOP) – also a technique supporting the local community and the "common men". These policies were all discontinued when the Socialist-Free Democrat government took to power in 1994; that coalition clearly preferred selling assets to foreign large scale – even sometimes state owned – entities such as Electricité de France, RWE and EON.

The election to office of the second non-socialist government under PM Orbán in 1998 (who himself and his party FIDESZ have gradually abandoned their alternative-libertarian tendencies of the early 1990s to move to the centre-right position of the political landscape) meant that the SME sector once again received direct support from the state. Moreover, foreign owned firms had harder times in gaining government orders than previously under the much friendlier Socialist-Free Democrat rule. The Orbán Cabinet also introduced a national *development programme* (the Széchenyi Plan) with the goal of supporting the domestic SME sector, and preparing it for the coming EU competition. Unfortunately, this Plan was immediately suspended as soon as the Socialist-Free Democrat coalition returned to power in 2002.

The unprepared Hungarian domestic economy later, in year 2004, when accession to EU took place eventually, did indeed prove poorly prepared to compete for EU funds, and compete with imports from the EU countries. Year 2004 may be regarded as a transition year, yet it is important to note that the net position of Hungary vis-à-vis the EU was a mere HUF 76 bn (EUR 250 million), less than 0.3 per cent of GDP.

Table 2: Hungary and the EU – contribution and access to EU funds

	Billion HUF
Flows to Hungary	*183,2*
- EU-rebate	42,8
- Phare support	32,9
- Schengen Fund	13,9
- Structural Funds	50,5
- Ispa-Cohesion Fund	9,1
- Sapard	6,7
- Rural development	15,3
- Agricult. Support	0,1
- Direct subsidy to farmers	-
- Support to inner policies	11,8
Contribution by Hungary	*106,7*
Hungary – net position	76,5

Source: Hungarian Development Agency, 2005

Looking back at the practice of successive Hungarian governments, one general conclusion that comes to mind is, that there have been rather similar challenges and somewhat similar policies as far as macroeconomic steering is concerned, and from policy aspects, there has been not much of SMW impact in the country. But that would not be fair to particular governments, exactly because of the nature of challenges and external conditions that have characterized most of the 15 plus years since the start of the transformation. External conditions and inherited fiscal and monetary problems did narrow the path for successive governments, yet *centre-right coalitions took steps to strengthen the SME sector and moderate the side effects of market sale privatisation, and thus they did what seemed feasible at that time, while others* – notably *the governments between 1994 to 1998 and 2002 to date – rejected the core policy recommendations of the social market economy school.*

4. The future of the SMW concept in Hungary

The particular initial conditions of 1989 do not exist any more in Hungary. After one and half decade of deep going transformation, we have a market economy which is very much different from what people and politicians hoped for in 1990. Hungary is now member of the European Union; admittedly the accession came much later than originally hoped for: in 1990 it looked like probable that a few county, and Hungary among them, would get full membership by the mid-1990s or at latest by year 2000 – instead, a "big bang" took place in May 1st, 2004. This round of enlargement of the EU was administered under a less generous fiscal plan, compared to earlier enlargements.

Domestically: the middle class has had harder time than we all originally thought at the time of the regime change. Agricultural transformation has turned out to be a slower and more cumbersome process than forecast, while the industry and banking have become more competitive, more productive – and less Hungarian. Penetration of Foreign Direct Investment has been dynamic, but so far FDI has not really mixed with domestic capital. The stock of FDI is geographically quite uneven: investments are concentrated to the capital city and to some West-Hungarian locations.

Against this background, the outlook for stronger accent on Social Market Policies looks mixed, at best. Four topics invite further elaboration: first, the strength of the middle classes, the usual engines behind SMW politics; second, a lean but efficient State as guarantor of the "Ordo"; third, the relative strength of foreign big business – nowhere a supporter of social market concepts; and fourth, the role that the EU may play in the process.

The first conclusion is that the "Mittelstand" in Hungary (and in most other transformation counties) has emerged weaker than forecast. Middle classes have lost ground during the seismic social changes; the cultural and political influence of the traditional "intelligentia" has given way to massive ubiquitous influence of a "media-elite" – mostly through foreign owned commercial television channels. The weaker than expected domestic business class cannot act as an engine for small business supporting public policies so typical in the fashion of SMW.

Secondly, and connected to this one, the role of the State: it is larger than hoped for. Particularly important to note is that centre-right parties and movements – who, in the European scene, generally act as political forces against the costly welfare state tendencies of the European left – within the particular Hungarian context regard the State as a potentially useful weapon to be used to correct inherited market failures and political rigidities, and in particular, to break the hegemonistic position of "nomenclature bourgeoisie". The state, in the eyes of influential FIDESZ politicians, has to be not less active than before. (Probably this is again a quite general phenomenon among centre-right parties in the region that compete with strong ex-communist parties and their business elite.)

Third, the question of the attitude to FDI and foreign capital as such. The very high penetration of foreign capital offers two readings. One is that the CEE countries, and among them Hungary in particular, have proved competitive enough to absorb so much capital. But there is another reading of the same story: incumbent domestic businesses have proved to be weak and non-competitive, and public policies have even suppressed domestic SMEs, rather than providing them the legitimate state support. It is hard to be objective on this issue; what is certain is, that the situation in the early 1990s called for capital import, and that time the nation state was not in strong bargaining position vis-à-vis transnational giants, demanding preferential treatment for themselves. Tax holidays offered and state subsidies paid to big business in 1990 and right after should not be repeated now; fortunately the EU regulations would not allow eager national governments to over-incentivise multinationals.

Unfortunately, the same EU attitude to "even playing ground" makes it harder for a national government to apply the same SME support schemes that worked so well in the 1950s and 1960s in Germany, France and elsewhere, whether under the SMW concept or otherwise.

This brings us to the fourth point: the influence of the EU as supra-national body. SMW is a concept and policy which presupposes some common national understanding on competition, fairness and the role of the state, and the roles and responsibilities of the individual. Based on that understanding, a sovereign government with its parliamentary majority can design and implement measures to correct market imperfections, and support activities that promise positive externalities. Membership in the EU, however, undoubtedly reduces the room of manoeuvre for any government to conduct what the EU regards national structural policies.

In older, more established market economies there may be fewer reasons for the nation state to implement active (activist) structural policies, but in countries in transformation a certain historical belatedness would justify methods not used in "old" Europe any more. One only wonders if the members of the EU and its bureaucracy will understand the differences among nations' social structures, and accept national policies aiming at correcting inherited structural rigidities such as the weakness of the middle class and of the SME sector.

The full impact of the EU-membership on transformation countries remains to be seen. What has been going on recently with the Growth and Stability Pact provides ammunition to those who feel the rules tend to serve the big countries. Regional and structural funds, even if their relative sizes are miniscule to what Portugal, Greece or Spain received at their entry, would partly strengthen the SME sector in EU-12. Eventual membership in the Euro-zone would reduce real interest rates for all businesses, particularly for the smaller, domestic players –

again something which promotes the case so central in the SMW concept: to build and maintain a vibrant middle sector in economy and strong “Mittelstand” in society. The balance of the new members with EU may become much more positive than what the present accounts show.

Albania's Banking Sector Reforms and Developments during the past decade

Dhori Kule, Sulo Haderi, Shkelqim Cani

1. Introduction

This paper dwells upon developments the Albanian banking system has undergone in the last decade covering in particular:

- stages of developments and reforms implemented by the central bank and other authorities with the support of foreign donors;
- current features of the system (size and structure, banking performance and comparisons with SEE and EU standards);
- credit developments and portfolio quality;
- payment system and bank supervision reforms;
- challenges that lie ahead to further the reforms and achieve integration of banking system towards the EU standards;
- a special section thoroughly depicts the Albanian Banking System shocks, background, causes and consequences and lessons of experience;
- final conclusions.

2. Macroeconomic environment

Below we describe the macroeconomic setting and fundamentals, which analysis is essential to understand the development of the banking sector:
The broad framework of Albania's economic policy in the past 14 years has been set forth by government's agreements with the IMF and the World Bank. With its impressive macroeconomic performance and successful stabilization programs coupled with market-liberalizing reforms, Albania's case has been contemplated by these organizations as one of the most remarkable growth examples (annual average real GDP of 6.2 %) among transition economies during the past decade. Most of this growth has stemmed from a conducive environment to growth, driven by improving economic stabilizers and implementation of structural reforms among which:

- implementation of a prudent monetary policy as evidenced by subdued inflation pressures, stable inflation expectations (2–4 %) and strong confidence in domestic currency, reflected in its steady appreciation. Year-end 2004 annual inflation figure was 2.2 %, while the annual average CPI rate was 2.9 %;

- privatization of the majority of economic activity and conspicuous private sector contribution to country's GDP by slightly less than 80 %;
- fiscal consolidation contributing to decreasing the government deficit to 4.9 % of GDP in 2004;
- decrease of public debt-to-GDP ratio from 76 % at end-1998 to a forecasted 55 % at end-2004;
- substantial increase of foreign exchange reserves to more than USD 1.2 billion and a comfortable level of reserve coverage (5.2 months);
- full liberalization of trade activity.

Another important factor explaining this sound performance has been the noteworthy improvements in total factor productivity, resulting in a shift of resources from low to high productivity sectors, i. e. from agriculture to construction and services. Additionally, growth was triggered by high net transfers of private remittances from Albanians living abroad, though this item has been demonstrating a decelerating pattern. Finally, an apparently large presence of illegal activities and informal economy, accounting officially for some 30 % of formal sector (Instat) has further fueled the growth.

Yet, regardless of its impressive macroeconomic performance, Albania has been struck by several social and macroeconomic weaknesses and structural challenges the country needs to address on a timely and adequate manner, in order to sustain its long-term economic development and improve its prospects for the EU integration. Thus, with a GDP per capita of about USD 2,400 in 2004 and almost one-quarter of the population living below the poverty line, Albania is ranked among the poorest countries in Europe. Unemployment remains pervasive, especially in rural areas. Albania's external position outlook poses threats particularly in the mid to long term. Current account deficit was 5.3 % of GDP in 2004 with trade deficit reaching 21 % of GDP. While FDI level, though growing with the sale of Savings Bank last year, is the lowest in the SEE countries. Due to ineffective tax administration and widely accepted high level of corruption, tax revenue collection against GDP (23.7 % in 2004) is almost half of that of other SEE countries. Country's export capacities are generally weak – one fourth of import levels – and moreover, export competitiveness has been also impaired by local currency appreciation in the recent years. Government is being largely criticized by international community for highly increasing corruption levels, soaring cases of "state capture", substantial decrease of transparency, effectiveness and rule of law. Administrative barriers to businesses in terms of customs and tax procedures, licensing and business regulations, land property claims and dispute resolution, as well as creation of politically-supported monopolies in certain sectors, create an impediment to the process of attracting FDIs.

Albania's long-term success will greatly depend on meeting the following prerequisites to sustainable growth:
i) maintaining macroeconomic stability; ii) continuing the remaining structural reforms; iii) continuing observance of fiscal discipline by improving public expenditure management and further reducing the budget deficit, by broadening and securing the revenue base and avoiding the use of preferential practices; iv) improving country's public infrastructure, education and health systems; v) enhancing institutional quality and governance; vi) raising the rate of capital accumulation; vii) strengthening government's fight against tax evasion, smuggling, trafficking and fraud.

3. The development of the Albanian banking system since 1990

Over the past 14 years, the Albanian banking system has witnessed continual changes, adopting the model of a two-tier banking system with the Bank of Albania (BoA) positioned at the center of the system, aiming at maintaining price stability and safeguarding the financial system. From end-1993 to the beginning of 1997, state owned banks prevailed in the market, with Savings Bank (SB) being the exclusive collector of household savings. By 1993, besides the three state-held banks, two joint venture banks brought the total number of banks to five, although being unable to challenge the role of the state-owned banks. The latter accounted for 95.6 % of all banking assets at year-end 1995. Over those years, the Albanian banking system was vigorously financing the fiscal deficit by purchasing high-yield (9–13 %) treasury bills. The percentage of banking assets held in government securities rose to 57.7 % in 1995. In the same year, banking assets to GDP had fallen to 39.2 % vs. 61.4 % in 1993, bank loans to GDP had also declined to 4.8 % from 5.6 % in 1993, while individual deposits had reached 15.8 % of GDP: The "Ponzi Schemes" had already come into scene.

3.1 Banking Reform: Bank Restructuring and Privatization

Following the passage in Parliament of the amendments made to law "On the Bank of Albania" in 1996, new clauses were incorporated aiming at strengthening the independence of Bank of Albania and its supervisory power.

Until 1997, the banking system was virtually insolvent from bad loans to dilapidated enterprises and adverse selection of entrepreneurs. Private sector lending was seriously constrained by: improper legal framework and poor law enforcement, particularly with respect to lenders' protection; the inability of banks to assume secured lending, execute collateral and take control of assets through bankruptcy procedures, double standard financial reporting of businesses for tax authorities; lack of business credit history and the absence of credit information bureaus.

In order to improve performance, solvency, corporate governance, and promote foreign investments, the government in 1995 prepared the draft on the pre-privatization policy of two state owned banks, National Commercial Bank (NCB) and Rural Commercial Bank of Albania (RCBA). The new policy envisioned complete institutional restructuring and recapitalization of these banks by the expertise of foreign banks and identification of strategic investors to transfer the majority of the banks' ownership by summer of 1997. The collapse of pyramid schemes in the early 1997 wreaked havoc throughout the country, damaging severely the whole process of bank privatization.

Because of negative impacts observed in the implementation of the stabilization program, since the end of 1997, the government and BoA pursued a financial sector policy designed to boost public and investors' confidence in the banking sector. This included:

- Finalizing the restructuring process of the two banks pending privatization:

a) The RCBA was liquidated in 1998 with most of its deposits being transferred to SB and its large bad debt book placed in the newly established Bad Asset Restructuring Agency (BART).

b) The NCB, the second largest bank in Albania after the SB, was 100 % privatized with the main strategic buyer (60 % of shares) a Turkish Bank and the EBRD and IFC owning circa 20 % of shares each. The entire loan portfolio of NCB was transferred to BART.

- Increasing competition by licensing foreign private bank entrance in the banking sector:

At the end of 2000, 13 banks were operating in Albania, with many foreign-financed banks licensed after 1997. Among the foreign banks, the Greek banks were by far the most active in the market. The SB remained the only state-owned bank, still dominating the sector by holding 64.8 % of total bank assets in Albania vs. 33 % controlled by foreigners. With the new entrants, the financial intermediation improved and lending to the private sector increased at a healthy rate, with a low level of non-performing loans. The new banks not only contributed to the system with "know-how", better corporate governance, new products and services, but also remained immune of political interferences relative to state-held banks. Even though the foreign banks extended almost 64 % of total loans in the system, the level of financial intermediation was minimal, as their time deposits made up just a small share of the banking system (12.1 % in 2000), as compared to the monopoly held by SB (80 %). Some of these banks such as ProCredit used inter-alias their long-term concessional financing to grant credits and not the deposit sources. The interbank market that could have enabled the exchange of fund flows from SB to these small banks was in its nascent stages with an insignificant volume of transactions.

- Improving the asset quality of the system:

Until 2004, the SB continued to enjoy the dominant position in the Albanian banking sector in terms of total assets (67 % of the banking sector in 1999), though this supremacy fell down gradually, but not sufficiently, to 52 % by end of 2003. In an attempt to restrain the potential growth of non-performing loans, due to political pressures and improper corporate governance in the two state-held banks, BoA imposed a ban by the end of 1997 on lending activities of the two remaining state banks (NCB and SB), until their effective privatization took place respectively in 2000 and at the end of 2003. At the time of ban, SB accounted for over 47 % of all lending vs. 1 % in 2003. Partly because of this seven-year moratorium on lending, total outstanding loan stock in Albania accounted for only 6–7 % of projected GDP until the end of 2003, vis-à-vis over 80 % in most Western European countries. The low degree of bank intermediation is explained primarily by the cautious behavior of foreign banks vis-à-vis clients lacking appropriate risk-return profile, weak enforcement for creditor rights protections, the lack of long-term funding, etc.

- Modernization of financial sector and fostering bank intermediation:

From 2001 until 2003, SB went through a World Bank-assisted restructuring process and a speedy recapitalization. Following several attempts to privatize the SB by a strategic investor, through an international tender procedure, RZB Austria took official control of the 100 % ownership of SB in April 2004, by paying USD 126 million in cash. Soon after the takeover of SB's management by the new owner, the BoA lifted the prohibition on SB granting fresh loans. With this privatization, Albania now boasts a healthy, 100 % privately owned, competitive banking sector.

The forthcoming privatization of the largest bank in the country prompted the existing banks during 2002 and 2003 to pursue aggressive policies including inter alias geographical expansion within and outside the Albanian territory, technology improvements and feverish attempts to increase their deposit market share by offering attractive deposit rates and preferential commissions to major corporate clients. Lending stepped up with the launching by banks of new retail products such as car, health, education and home loans. Three banks became leaders in introducing the ATM, overdraft facilities, debit and credit card services in both local and major foreign currencies, while efforts are still underway to embark on internet banking. Many banks reorganized themselves in a way to give more emphasis to customer service and bank-customer relationship by establishing separate Marketing Departments.

The recent sale of SB will certainly spur competition among banks and increase the level of financial intermediation in the economy through increased and cheaper lending to the corporate and retail sector. RZB has committed to pioneer new products in the Albanian banking market and to resume lending gradually, which will lead to a reduction of their T-bill stock over the coming year. Since RZB holds almost 80 % of Lek deposits in the banking sector, the bank is expected to continue to wield considerable influence over T-bill yields and may have the power to even set the market interest rate practically. Much of RZB's initial lending is likely to be in foreign currency, in line with the existing market trends. Though RZB officials have been very optimistic in recommencing lending and promising to deliver about €100m fresh credits in the second half of 2004, until recently, their loan portfolio amounted to only €30m, due to internal restructuring and management problems, which proved to be more difficult and take longer to tackle than initially anticipated. RZB plans to issue also some 120,000 Visa Electron debit cards by the end of 2005.

In addition, 7 non-bank financial institutions operate in the market. In 2003 and 2004 two private, 100 % Albanian-owned banks joined the market by further diversifying its composition.

- Banking System Shocks:

Banks play a critical role in ensuring a stable and healthy financial system. A non-properly functioning and non-efficient banking sector can lead to banking crises and increase asymmetric information problems. Additionally, problems in the banking sector amplify the chances of a foreign exchange crisis occurrence, which, in turn, could set off a full-blown financial crisis.

3.2 Pyramid Schemes – Macroeconomic Setting

Albania's macroeconomic indicators were hitting new records during 1993–1995. Notwithstanding, in 1996, the favorable macroeconomic performance was reversed due to mounting political tensions and rising government's expenditure prior to general elections. The situation deteriorated rapidly with a domestically financed deficit increasing by over 4 percentage points, and inflation tripling to more than 17 %. This was also associated with a sharp decline in revenue collection. The banking system at the end of 1996 was confronted with several major problems, among which the most striking were:

1. Significant sector concentration with three major state-owned banks dominating the entire system by holding 97 % of total deposits and 88 % of total lending, while the remaining three small foreign and joint-venture banks held a negligible 4.4 % of total banking assets.
2. Substantial operating losses and insolvency could crisply describe the financial state of the three state-held banks, suffering from very poor quality of bank's lending portfolios. According to Jarvis (2000), bad loans made up one-third of the banks' total lending and 80 % of their NPLs. In similar way, the level of financial intermediation by the three state banks to the economy,

illustrated by the ratio of loans to deposits (11 %) and credit to private sector as percentage of GDP (one-digit figure) were very low.

3. The payment system was by large inefficient, mostly cash-based. The average duration for payment transactions between accounts at different branches of the same-owned bank was 11 days. (Cani, 1995)

As a result of these problems and a general distrust to the banks, the public preferred to hold an unusually high amount of their financial assets in cash, outside the banking channels, and was seeking for alternative investment opportunities, such as the very lucrative returns provided by non legitimate and not legally supervised, non-bank financial intermediaries.

Pyramid schemes have generally thrived in almost all the transitional economies, notwithstanding, the magnitude, the duration and the political and social consequences of this phenomenon in Albania were unparalleled. Their geographical distribution covered the entire country and lasted for a relatively long time, compensating for the lack and inefficiency of proper financial institutions in Albania. The escalation of the whole process was certainly prompted, at a large extent, by the lack or delay of structural banking system reforms and more specifically of state bank restructuring and privatization.

3.3 Pyramid Schemes vs. Banking System

Since financial intermediation was limited and banks were practically unable to meet the growing demand for credit of the private sector, an informal credit market emerged based on funding sources generated from friends and relatives, as well as by remittances of Albanian emigrants. These schemes were out of the control of the authorities. Initially, government and the central bank did not take notice of the informal borrowing companies and international financial institutions were not able to anticipate the extent of the forthcoming crisis and therefore alert the authorities in time to take corrective actions right away.

The inceptions of the schemes and the first signs of massive public investments in these companies dated back as early as 1994. Though many investors were conscious of the mediocre management and the mystery encircling the money-making process of these companies, they still believed that the then existing government was staying behind or supporting these schemes and the funds were coming from illegal activities that secured huge profits. The latter were, in their opinion, sufficient to substantiate the excessively high interest rates that were 6 to 8 times higher than the rates offered by commercial banks. On the other hand, policies pursued by the government were misleading. Some top government officials benefited personally and/or supported openly some of the major schemes, as they contributed to the ruling party's campaign. These companies were allowed to continuously advertise in the written and electronic media.

According to Gomel (May 2002), at their peak, the nominal value of the pyramid scheme liabilities came close to half of country's GDP. By 1995, banking assets to GDP had fallen to 39.2 % vs. 61.4 % in 1993. Consequently, the central bank's monetary policy became less effective. There were these companies that were later transformed into pyramid schemes, which, based upon some indirect and approximate calculations absorbed as much as USD 200–300 million from the population in 1995 (Cani, 1995) and over USD 1 billion by the end of 1996. These companies were never able to receive a license to collect deposits and nobody knew whether they were ever solvent. Besides, legal structures available to the authorities to fight the pyramid schemes were entirely inadequate. Since 1995, the central bank warned persistently the Government, though not openly, that borrowing companies were violating the law on banking system and of the danger that could possibly derive from such schemes. But, the competent authorities had the opinion that the law was not applicable to the borrowing companies (Jarvis, 2000). Hence, though with some delay in recognizing the situation, it is important to underline that central and commercial banks neither supported, nor did they justify the schemes.

The fell of pyramid schemes, where thousands of Albanians lost their lifetime savings, was deep and associated with seriously adverse political and social impacts. The country plunged into anarchy, as state institutions went into total collapse, and mass civil rioting exacerbated to near civil war. Economic activity was virtually disrupted and demand was severely reduced, causing a drop in tax collection and thus aggravating the already high fiscal deficit. "The Lek depreciated by more than 40 % during the first half of the year 1997, as remittances from abroad declined markedly ..." (Jarvis 1999). As a result, Albania experienced serious external imbalances and annual inflation rose again to 42 % at the end of 1997.

3.4 Bank Deposit Bleedings – March 2002

Introduction – Macroeconomic Conditions

The black shadow of 1997 (pyramid schemes) resurfaced in March/April 2002, but this time panic gripped the banking system. Fears on deposit safety pertaining to privatization of the major state-owned bank brought about vast deposit withdrawals from the banking system. The episode was located in the southern cities of Albania, which were the most severely hit by the '97 pyramid schemes. The most affected groups were depositors from the rural areas and Albanian emigrants living in Greece. Surprisingly enough, the bank panic occurred at a time when the financial performance of the banking system was evaluated to be at its best in the last ten years. The panic was rather perceived as a confidence crisis following the privatization process of the state-owned bank (SB). The unfounded fears of a possible bankruptcy of the largest bank spilled over to other commercial banks, resulting in significant deposit outflows (8 %) within a very short span of time.

Banking Sector Performance: the Need for Reforms

While macroeconomic stability is a prerequisite for banking soundness, the March/April 2002 threatening to the banking sector has shown that delays in banking reforms might have serious negative implications in economy, even when the banking system parameters are solid. The following analysis on banking system key indicators: *asset quality, liquidity, earnings, bank capital* will shed some light to this conclusion.

a. The ratio of NPLs to total loans in the overall banking system has been relatively high (about 11.6 % in December 2001), however, it posed no threats of insolvency due to the small share of total system loans relative to total assets. Particularly, if we examine the Savings Bank and NCB – the two largest banks that suffered mostly from the deposit outflows in March and April – their combined loan portfolios represented less than 0.5 % of the total assets at the end of 2001. Most of these bank's investments in the asset side were concentrated in T-bills. In other words, asset quality was not a concern and the banks were not exposed to any major credit risk.
b. Additionally, the relative liquidity of overall system seems to substantiate the above argument. Two months before the vast deposit outflows, liquid assets in the banking system made up nearly 90 % of the total assets, where more than half of them were invested in treasury bills. Also, the short-term liabilities accounted for about 95 % of total liabilities, and the ratio of liquid assets to total short-term liabilities was over 98 %. Besides, all the assets of the Savings Bank were practically liquid and there were no reasons rather than speculations to believe it would have been insolvent.

c. Two years after consecutive huge losses in the years preceding 1999, the Albanian banking system has been finally showing profits. The total system ROA was 2.1 % and 1.5 % respectively in December 2000 and 2001. The same argument goes to the return on equity, where the private banks recorded their best result in the past two years.

d. Declining *capital adequacy* of financial institutions has been found as one of the features in 14 out of 22 studied international financial episodes (Davis E P, 1999) and this could serve as one of the indicators serving as a predictor of crises. Commercial banks in Albania have been characterized all the time, due to very low risk profile of bank investments, by very high capital ratios –

well-above the minimum required rate of 12 %. Hence, in terms of this indicator, the banking system can be discerned as safe and not likely to fail.

However, although asset quality and financial performance of Albanian banks has improved significantly over the recent years, the country's banking sector was nevertheless faced with a number of actual and potential challenges. First, the NCB was in the process of a slow recovery and rehabilitation after its privatization in 2000, yet suffering from the collapse of its major shareholder in Turkey, whereas Savings Bank privatization was at a standstill, due to lacking of bank recapitalization and restructuring activities to make it attractive to foreign investors. In spite of a relatively large number of banks in Albania, the market continued to be characterized with a high degree of concentration and insufficient competition (at the end of 2001, the top two banks accounted for slightly less than 70 % of total banking sector assets). The range of services rendered to corporate clients were confined to basic classical banking services.

Causes and Consequences of Deposit Outflows: The Confidence Crisis

Alarming deposit outflows in March and April may just be another example of the irrationality that can sometimes grip the Albanian financial market, even when the fundamentals are stubborn. Bank panic, due to pure political speculations and depositors' lack of proper knowledge about the banking system proved once again, how susceptible and unprotected the financial sector is against the speculative externalities and how skeptical the public is about government's commitments.

Nonetheless, economic fundamentals were being overrun by a host of political uncertainties such as: i) the process of passing in the Parliament the new law "On deposit Insurance", ii) the amendment of the law "On compensation of proprietors", iii) the opening of SB privatization process right before the approval of the law on deposit insurance, iv) an exacerbated political situation during the first quarter of 2002, v) a government reshuffle, vi) a weak public culture about commercial banks, vii) a sluggish economic performance with some volatile indicators. All these factors resulted in a lack of confidence.

The consequences of rapid deposit leakages in March 2002 were the reduction of money supply by Lek4.5 billions, the increase of currency held outside the banks by more than Lek10 billions, liquidity shortages for commercial banks, which were immediately eased by the central bank's actions. The latter was forced to shift the course of its monetary operations and turn into a liquidity injector to the market. The strategy of the Bank of Albania during the crisis consisted of making several daily assessments of the liquidity in the system and particularly of the two affected banks, evaluating the performance of the sector, lobbying to the politicians and media, keeping an eye on the exchange rate, and ensuring calmly the depositors for the safety of their deposits. Conclusively, the situation was very well contained and remained under control of the central bank.

There are several causes behind the mini-run on deposits. Although the new law on deposit insurance aimed at protecting depositors in all of the domestically operating banks, the allegations made by some politicians seem to have given confusing signals to the depositors. Politicians in search of gaining political advantage with the case of the privatization of SB, doubted and misinterpreted the law. In addition, Albanians have long been viewing with full skepticism the promises and commitments of their government. Efforts at fighting corruption by government – in part pressured by international agencies – are still adversely affected by some political involvement in shady dealings. Likewise, frequent elections and aggravated political situation have kept away foreign investors and hindered privatization of Savings Bank and other strategic state-owned enterprises.

4. On the current state of the Albanian banking sector

4.1 Product and Services Offered

The range and quality of financial services provided by banks to their clients although improved in the last years is still limited as compared to their European peers. The east northern part of the country and rural population is under served. Domestic and international money transfers are expensive, whereas "e-banking" has a long way to go. Service delivery is slow and cumbersome; sometimes the clients have to go to the bank for obtaining their account history or balance confirmation. The availability, terms and stringent selection requirements of SME finance, mortgage loans and other consumer finance make the services accessible to only a small fraction of the population. Leasing has not taken off yet in the country. With the passage of respective Law in the Parliament in 2003, the first Leasing Company has been set up as a subsidiary of a foreign bank.

4.2 Size and Structure of the Banking System

In 2000, the ratio of banking assets to GDP had risen to 51.8 % (higher than SEE countries – 40 %, but lower than the EU – 280 %). Bank loans accounted for slightly lower than 4.5 % of GDP. Thus, banks have chosen comfortable ways to make profits, while minimizing the risks. The large share of T-bill investments shows that most of bank deposits used as primary source of funding are destined to finance fiscal budget rather than investing in the economy or SMEs. The primary explanation for this phenomenon is that SB, the largest bank by far in Albania, operated for 7 years as a simple savings bank with over 70 %

of its assets held in T-bills and only 4 % of its assets extended as loans and so did NCB until 2000.

At the end of 2004, there were 16 banks operating in Albania, out of which 12 foreign-owned private banks (94 %), two private Albanian banks (1.7 %) and two joint-ventures (5.3 % of total assets). Recent developments in the banking sector have positively influenced the asset structure of banks with respect to their investment diversification. Balance sheet of banks at 31 December 2004 was composed by: investments in risk-free or low risk government's treasury bills (46 %), short-term interbank placements (15.6 %) and loans (16 %) of total assets. On the liabilities side, deposits represent the main funding source (87 % of total assets of banking system), reflecting a growing public confidence in banks. Total deposit base is composed by a high share of household's savings (84 %) with many upside potential for mobilizing the private sector deposits. The absolute figure of household deposits has grown by almost 8 times from 1996. Deposit share as percentage of GDP has risen from 42 % at the end of 2002 to 45 % by the end of 2004, higher than SEE level of 30 %, but below the EU standards (100 %). From this analysis, we can see that banks invest heavily on treasury bills, but their weight has declined from 57.7 % in 2000 to 46 % in 2004. While the share of loans extended to private sector and individuals almost doubled from 8.6 % in 2000 to 16 % in 2004.

The deposit share of SB alone has decreased from 75 % at year-end 1999 to 56 % at the end of 2003. Despite these developments, the sector continues to remain highly concentrated with the five largest banks holding almost 70 % of total assets in March 2004, higher than the EU standard (the market share of top 5 largest banks amounts to 53 % of total bank assets at the end of 2003).

4.3 Credit Developments and Portfolio Quality

High rates of lending growth to economy have consolidated an increasing trend of the banking system in the past four years. To further stimulate a friendly-credit environment for business and households alike, BoA has consistently pursued an easing monetary policy in the recent years. In 2004, BoA slashed the base repo rates five times (1.25 basis points) hitting a decade record low of 5.25 %. As a result, credit to economy has been growing by 34 % on average during the last two years. The credit/deposit ratio (18 %) and credit to private sector/GDP (8.1 %), two indicators highlighting the degree of financial deepening on economic development, are steadily growing (compared respectively with 13.5 % and 5.7 % at the end of 2002). Still the current bank credit to private sector/GDP level lags behind the EU (130 %) and the average SEE standards (23 %), whereas loan to deposit ratio is much lower than the EU (143 %) and SEE (64 %). The gap between Albanian banks and those in other EU and SEE countries implies that Albanian economy is still underbanked and there is a lot of catch up potential for bank developments toward EU convergence. Notwithstanding, the BoA's transmission mechanism has not been properly understood and effectively conveyed to commercial banks lending rates due to high level of dollarization in the economy, large proportion of loans in foreign currency and the low degree of credit.

Loan book mix by maturity has improved due to bank's lengthening of their repayment periods in favor of medium to long term loans. Short-term loans mostly granted for trade and working capital requirements constituted 26.7 % of total lending portfolio at the end of 2004 vs. 47 % at the end of 2002. The gradual shift of new credits towards longer tenors indicates that banks are extending more loans for investment projects, moving away from trade activities to construction, processing industry, tourism and agro processing. With respect to currency mix, hard currency loans continue to prevail, making up 81 % of total lending figure in 2004, creating a mismatch with deposits held in foreign currency (31 %) and raising concerns for potential foreign exchange risk in case of a rapid depreciation of local currency.

Excluding two joint-venture banks, which share of non-performing loans and bad loans, was respectively 18.3 % and 12 % of the system at year-end 2004, the NPL ratio vs. gross outstanding loans for private banks stood at the level of 2.6 % at December end 2004. Total system figure was 4.2 % at the end of 2004, down two basis points from 2003 and below the slightly less than 7 % average in the SEE region. This indicates that lending expansion in Albania and foreign bank ownership have contributed to better handling of credit risk and a more risk-averse behavior of private banks compared to the region standards. Problems will arise on the quality of lending and bank abilities to control these assets in the future as banks try to increase their profits by growing rapidly their lending to more than 50 % of balance sheet and offer credit card, other consumer loan products and SME credits classified as much riskier than the existing bank products.

4.4 Banking Performance

After consecutive loss-making activities, the Albanian banking system turned out profitable for the first time in year 1999 with USD 8.25 million. The system has been showing increasing profits over the past five years amounting to USD 52 million in 2004 (circa 0.6 % of GDP). Most banks are showing increased profits. Profitability ratios of the banking system, ROA and ROE were respectively 1.3 % and 21.4 % during 2004, indicating a growing trend in years as compared to 0.5 % and 15.7 % during 1999. These figures are higher than in the EU (ROA = 0.5 %, ROE = 11%) and comparable to the SEE (ROA = 2 %, ROE = 18 %). Despite considerable progress made, high interest margins between lending and deposit rates are the main determinants of the system profitability. As competition toughens, spreads will go downward and banks will face difficulties in sustaining these profitability levels. Therefore, they have to look intensively for alternative riskier investments and spend more money in technology, new product introduction and modernization.

Capital Adequacy Ratio (CAR) of the banking system, though edging down steadily during the past four years and currently standing at 21.6 %, is much higher than the required rate of 12 % due to low risk exposure of bank investments. CAR levels are higher than the EU (11 %) and lower than the SEE (25 %). This implies high liquidity in the system: currently, the share of risk-free, liquid assets against the total is over 27 %. The actual decrease of CAR is explained by a faster growing trend of risk-weighted assets than that of regulatory capital, particularly reflected with the increase of long-term credits in foreign currency as share of total assets, overdraft facilities and investments in foreign sovereign securities by some large banks.

4.5 Payment System Reform: BoA's Anti-Cash Program

Albania's economy is primarily cash-based. Custom duties, taxes, utilities, public and private sector salaries are generally paid in cash. According to BoA, 33 % of the money in circulation is held outside the banking system, as against an average of 10 % in the other CEE countries. Reflecting this status, even the banking payment system is not efficient. The latter has been largely featured by physical cash transfers, relatively long delays in processing and high risks to both customers and the banks. The most widespread instrument, in terms of both volume and value, is the payment order used by businesses. Cheque use is relatively limited and direct debits to effect recurring payments remain low. ATM and electronic card transactions were insignificant to nonexistent until 2003. Debit cards, credit cards like Visa and MasterCard have been issued just recently, though at a limited scale, by several commercial banks.

As the main responsible body for the operational management of Interbank Payment System and the Clearing House, BoA has taken important steps in the recent years to modernize and increase the efficiency of the payment system. The new interbank Real Time Gross Settlement (AIPS) system for large payments became operational since January 2004 and a fully automated bulk clearing system (ACH) for low value transactions is scheduled to complete by mid-2005.

In 2003, the Bank of Albania launched a new pilot campaign on increasing the use of the banking system in the regular conduct of business in Albania. Calling upon the responsiveness of the Albanian government and after wide consultation with all stakeholders: the Ministry of Finance and Economy, commercial banks, the Bankers' Association, tax authorities, utility companies, private sector, etc., BoA outlined in June 2004 the following agenda for all the parties involved in discussion that included:

- Execution of all payments and revenues for or in favor of state budget through bank transfers.
- Payment of all civil servant salaries and other supplementary bonuses by bank accounts.
- Distribution of pensions and other social contributions through banking system.
- Pressures by tax and custom authorities on large and small-to medium size businesses to open bank accounts and conduct their operations through the banking system.
- Identification of needs for improvements in the current legislative and regulatory framework.
- The use of direct debits to pay utility bills of corporate and household clients.
- Interbank agreements to sidestep double charges for domestic payments.
- Extended hours of bank operations and installation of the Automatic Teller Machines (ATM).
- Elimination of charges for on-line branch-to-branch transactions to en courage intensive use of banks by businesses.

The campaign, though still underway, recognized its first successes: The Ministry of Finance fully liberalized in 2004 the transactions of budget accounts, formerly a monopoly of SB, to the entire banking sector; BoA and Ministry of Finance began delivering on the same year the salaries of all their staff through the banking system, a practice that would be later followed by approximately 120,000 civil servants of public administration; Commercial banks increased media advertising to create general public awareness; Significant technology investments were made by banks to install/increase the number of ATMs and POS, introduce debit and credit cards; Competition intensified as banks began offering attractive packages (preferential corporate and household loans, preferential exchange rate transactions, etc.) to businesses that would open bank accounts to their employees, resulting in cheaper lending products and other banking transactions.

4.6 Bank Supervision

Banks are among the most heavily regulated financial institutions in the country. Following the collapse of the pyramid schemes in 1997, supervision of the financial sector has significantly improved to promote the enforcement of international codes, rules and good practices and the development of industry standards with the purpose of enhancing the efficiency and soundness of the financial system. More specifically, BoA has pressed ahead with significant structural reforms aimed at strengthening substantially its supervisory and analytical capacity through the implementation of a more risk-based supervision process and improving the deficient areas in the regulations such as capital adequacy and the use of international accounting standards. The Law on Deposit Insurance was passed successfully by the Parliament in 2002 and the respective Deposit Insurance Agency has been established and is functioning properly. This scheme guarantees to depositors 100 percent coverage of their deposits up to the amount of about USD 3,600 and 85 % on the second lot of circa USD 3,600. A collateral registry for movable property has been functioning well for over three years. To strengthen the legal framework on insolvency and bankruptcy procedures, the law on bankruptcy was recently approved by the Parliament, and if enforced properly, it would be the instrument that the banks can use to exert pressure on borrowers and to protect themselves from bad loans. Efforts are underway with the assistance from international donors to developing the technical expertise and legal framework to combat more successfully money laundering and terrorism financing.

5. Additional challenges for future banking systems reforms

Regardless of substantial progress that Albanian financial sector has achieved in the recent years more challenges lie ahead to complete the banking sector reforms. Key objective of these reforms is to increase international competitiveness of the sector to a level that will allow its successful financial integration not only into the regional financial services market, but also into the EU. The EU accession requirements in banking are an important impetus towards convergence reforms of Albanian banks to the Western standards and practices.

Policy actions to achieve the stated objectives in the banking sector can be classified in the following clusters:

(i) Internal restructuring and competition: this encompasses the successful sale of the state 40 % stake in the two joint-venture banks, generally characterized by operational inefficiencies, inadequate corporate governance and poor loan quality; and internal restructuring of all the banks with the view to reduce their operating costs and to expand the range of their services in a more competitive market.

(ii) Banking regulation and supervision: to improve its supervisory capacity, the BoA has been setting some targets such as improving corporate governance, strengthening banking supervision, encouraging a sound-banking environment and designing strategies to prevent and settle the crises.

The foreign-based ownership of the majority of the banking sector, the provision of a range of new financial services by commercial banks and the engagement of banks in high risk-taking activities call for:

- drafting new regulations on credit cards, e-banking and other new products;
- further strengthening of supervision techniques;
- advancement of modern risk management skills and techniques at the commercial bank and supervisory level;
- design of disaster recovery and liquidity contingency plans;
- consolidated cross-border supervision by BoA;
- creation of a credit information bureau;
- adoption of international reporting standards;
- gradual implementation of Basel II Accord.

(iii) Increase public financial literacy: the recent experience confirms once more the population's unfamiliarity with market institutions and the strong need to educate the Albanian public with economic and financial issues in order to reduce the effects of them falling prey to future market speculations. Unable to distinguish between accountable bank managers or outright crooks and to read behind the bank financial statements, depositors would be reluctant to put money in the bank, thus making banking institutions less viable or even worse, leading to bank panic with harmful consequences for the economy. Education of businesses with financial terminology and instruments will assist them to make informed decisions, get easy access to bank products and SME loans. Likewise, consumers will achieve maximum returns from their investments and benefit from more competitive loan products and bank services.

(iv) Legal approximation to EU legislation: although the Banking Law is an important step forward, there is a need for a further approximation to the EU banking legislation. To become a member of the EU it is required that the candidate countries align their national legal systems with the existing EU legislation in all areas. Achieving this means, above all, that Albania should do more than just ticking off the boxes on the "*acquis communautaire*".

6. Conclusions

1. In most cases, enjoying positive macroeconomic indicators for a certain period of time does not prevent from eruption of financial crises. The most important thing that contributes to the long-term financial stability is ensuring that these parameters are strictly maintained, and carefully watched for any potential volatility that might arise. The Albanian economy and particularly the financial market have undergone two shocks: the pyramid schemes of 1997 and the mini deposit run in 2002. The detailed analysis we conducted in this paper demonstrates that various factors, often disregarded, underestimated or misused by authorities, stand behind the crisis: a) political manipulations; b) illegal and

criminal activities to which authorities have not been watchful, but instead permissive; c) government corruption; d) low confidence of the public in politics; e) procrastination in privatization and especially in financial sector reforms and bank restructuring; f) finally, the low level of consumers' financial literacy. Even today, a major part of these factors are still present and therefore they should not be neglected, but included as a top priority on the country authorities' agenda.

2. When financial crises originate from unstable political situations, the timely and successful resolution of the crisis will be highly conditioned by the willingness and coordination efforts of all the political powers. This reminds us that market psychology can sometimes be more important than positive fundamentals. Accountability is very central as the public reaction can sometimes make things get worse before they get better. Besides, the time that elapses from symptom identification until corrective interventions taken by the Government and regulators should be short to minimize the negative effects of the crisis. At a time of shaken public confidence, transparency, independence and image restoring by the central bank are paramount.
3. The main features of Albanian banking system are: a) very high degree of concentration (the three largest banks account for almost 70 % of total bank market share); b) over 95 % of bank assets are foreign-owned; c) low level of financial depth with corporate, SMEs and household financing needs poorly and insufficiently served by the banking sector; d) high asset quality due to low NPLs/gross loans, low risk investments and high balance sheet liquidity; e) better profitability ratios than EU and SEE; f) capital adequacy ratios well above the required minimum. All these features combined demonstrate Albania's high potential for banking sector growth and developments.
4. The Central Bank has achieved substantial progress in reaching its goals: Inflation has remained under control, within the forecasted range of 2–4 %, the exchange rate has been relatively stable with a confirmed trend of appreciation and bank supervision has significantly improved and strengthened toward meeting the international standards. Since Albania's banking system is characterized predominantly by a high degree of foreign ownership (96 %), either at branch or at subsidiary level, the top priority of Albania's central bank remains strengthening and synchronizing the prudential cross-border supervision techniques and procedures with home country authorities to enable the information-sharing, facilitate the process of effective consolidated supervision with home regulators and prevent the "spill-over" effects in case of a crisis. Although the prevailing bank regulations have been amended to accord with core interna-

tional principles, there are several loopholes and deficiencies that have to be rectified especially in the area of capital adequacy, use of international accounting standards, and use of consolidated comprehensive supervision.

5. A critical challenge the financial system might have to contend with in the short run is concentrating the supervision of financial market operators (banks, financial companies, investment funds, pension funds, insurance companies, etc.) in just one hand, either under the Central Bank's or an independent agency jurisdiction, outside the Bank of Albania. The only properly supervised financial institutions in Albania are banks, the rest of financial market players operate in a market with lax regulations and liberal oversight, leading sometimes to their engagement in suspicious or even criminal-type activities, as is the case with certain insurance companies. If one of these companies defaults, the contagious effect might be spread also in the banking system due to large exposure of bank credits to personal and property insurance policies.

   Capital markets in Albania are still in an embryonic stage and not capable of fulfilling their functions. A modern financial market should be a diversified one. The major providers of financial services in the country are banks, whereas non-bank financial institutions are insignificant, with respect to their role and size. If anything happens in the banking sector, due to its underdevelopment stage, the other financial market participants are unable to compensate or help diversify the risk or play a significant role in safeguarding financial stability. Hence, the authorities should encourage the creation of a deep and complex financial sector including all non-bank participants.
6. Foreign currency loans account for over 80 % of the banking system stock of outstanding loans, while most of bank deposits are held in local currency, creating a currency mismatch between investment and funding sources. Albania's balance of payment is fuelled at a large extent by emigrants' remittances, illegal and criminal activities and somehow by donor's funds. As the majority of these sources will shrink in the long run, the sustainability of our balance of payments is questionable. Given also the fact that our exports represent just 1/4th of our imports and the other facts above, our external position might be seriously exposed and therefore affected by a potentially material risk of sudden exchange rate fall.

7. Financial deepening, expressed by the ratio of credits to economy is still at low levels (8 % of GDP), yet recognizing over the recent years a growth of 34 % p. a. The former Savings Bank, holding a 50 % market share, was not allowed, for the past seven years, to extend any loans until the bank privatization in 2004. The imminent resumption of lending by RZB, which plans to enter the corporate and retail market aggressively by

the second half of the year 2005, will result in doubling the total credit figure in the system. Besides the increase of financial intermediacy, the repayment of credits in foreign currency and negative influence in the balance of payments might be some of the most obvious side effects.

a) As the banking system grows and competition intensifies, the banks will engage into riskier transactions that provide higher margins, such as SME, mortgage and consumer lending, etc. Under these new conditions, also taking into account the absence of a long-term tradition in lending, the next immediate challenge for banks will be emphasis on risk management, especially on credit risk. The establishment of credit bureaus, where the banks can track the information on creditworthiness of their prospective borrowers becomes a necessity to streamline the process of credit evaluation and approval and increase the chances of granting good loans since the inception.

b) Banks in Europe and the CEE countries play an essential role in financing the segments of population that do not have easy access to bank financing: the SMEs and consumers. In Albania, only 2 % of SMEs use bank financing, despite the growing lending from microfinance institutions and savings and credit associations that operate in the country. Expanding finance to the underserved market segments is one of the major challenges the banks will have to confront with in the near future.

8. The Albanian Bankers' Association (ABA) is very fragile and its role in being a real partner in the public and private sector dialogue is insufficient. As representatives of market associations, the members of ABA might have the will and ability to identify problems, but they often fail to implement changes or make viable recommendations to the authorities due to lack of expertise, organization, experience, forward-thinking approach, understaffing, etc.
9. Commercial banks should step up their efforts in increasing the transparency on corporate governance issues, such as collective responsibility of board members, accountability, responsibility and fair treatment of shareholders, etc. and include them as part of their regulatory framework.

References:

A World Bank Country Economic Memorandum, 27 December 2004: Albania Sustaining Growth Beyond the Transition.

Baleta, T./Kallfa, N./File, L./Baholli, F./Bokshi, S./Abazi, E., September 2000: Albanian Banking Market Domination.

Bank of Albania, January 2005: Economic developments during the second half of 2004 and expectations for the year 2005.

Bank of Albania, December 2004: Statistical Report.
Bonin, John P., October 2001: Financial Intermediation in Southeast Europe: Banking on the Balkans.
Cani, S., 1995: Financial Reforms in Albania.
Cani, S./Muço, M./Baleta, T., August 2000: Sistemi Bankar në Shqipëri.
Cani, S./Vika, I., July 2002: Confidence Crisis: Causes behind the Hemorrhage of Bank Deposits.
CCBS, June 1999: Financial Market Data for International Financial Stability.
Economist Intelligence Unit, November 2004: Country Report – Albania.
European Central Bank, November 2004: Report on EU Banking Structure.
European Central Bank, November 2004: EU Banking Sector Stability 2004.
Goldstein, Morris/Turner, Phillip, 1996: Banking Crisis in Emerging Economies: Origins and Policy Options. BIS.
Gomel, G., May 2002: Banking and Financial Sector in Transition Countries and Convergence towards European Integration.
Hodess, R./Banfield, J./Wolfe, T. (Ed.), 2001: Global Corruption Report 2001. Transparency International.
IMF Country Report no.05/88, March 2005: Albania: Ex Post Assessment of Longer Term Program Engagement.
Jarvis, C., 2000: The Rise and Fall of the Pyramid Schemes in Albania. IMF, Vol. 47, no.1.
Mishkin, Frederic S., 1998: The Economics of Money, Banking, and Financial Markets. 5th ed.
Mrak, Mojmir, 1999: Ekonomický Časopis – Restructuring of the Banking Sector in Slovenia in View of its Accession to the European Union. Vol. 47, no. 2.
Saccomani, F., 27–28 March 2003: Speech held at the Seminar organized by the Central Bank of Malta on Ensuring Financial Stability: Global and European Perspective.
SEERC Workshop, May 2004: Financial sector reform in South East Europe.
World Bank, 1998: Albania Beyond Crisis.

SWOT Analysis for Albania's integration in EU

Vasilika Kume, Tonin Kola

1. Background: A Short Story of Transition

Albania's transition from a communist system into a market economy has been so far a rather successful one, although the country is still one of the poorest in Europe.

The country began market economic reforms from an extremely centralized economic system. As elsewhere in Eastern Europe, a significant decline in production characterized the initial phase of transition. As a result, the country's macroeconomic situation worsened. Output declined by about 50 % from the end of 1990 to mid-1992. External debt quickly rose to 30 % of GDP. Foreign exchange reserves were almost completely exhausted. By early 1992, monthly inflation was 10 % to 15 %.

These difficult initial conditions quickly changed after Albania implemented a series of successful stabilization programs. In general their goals were similar: low inflation and stable prices, sustainable growth and lower budget deficits, improvement in the external position, and financial sector reform.

During 1993–1995, Albania's macroeconomic situation improved remarkably: The country grew by an average of 9 % in real terms while inflation fell to single digits and external imbalances were reduced.

However, in 1996, the positive macroeconomic trend was reversed as a result of increased political tension in the country and rising expenditure prior to the May 1996 general elections. The 1997 crisis of pyramid schemes and the 1999 Kosovo war negatively affected progress in the implementation of the stabilization program. The Albanian Government eventually confronted the crisis through a new stabilization program launched in 1998. The program aimed at restoring macroeconomic stabilization, strengthening administrative capacity, and restarting structural reforms.

The Stabilization and Association Process could foster EU accession prospects._Albania's external policy environment has dramatically changed over the last four years, which has created new opportunities. Participation in the Stabilization and Association Process (SAP), has introduced a regional dimension to Albania's foreign trade policy. The SAP seeks to reduce the complexity of the current commercial logistics through promoting simplification and greater transparency in customs procedures and free trade among SEE-8 countries as well as between them and the EU.

Recent Progress towards the SAA has been slow. According to the EC, reform in Albania over the past 12 months has been limited. Despite progress made during SAA negotiations in discussing the text of the future agreement, many of the reforms necessary to guarantee its proper implementation have not been carried out. Of particular concern are those issues central to the rule of law like the fight against organized crime and corruption, and the functioning of the judicial system.

2. SWOT Analysis

Specific strengths of Albania's accession could be summarized as follows (table 1):

1. The fact that most citizens support accession to the EU as a strategic aim, which should be achieved as soon as possible, can be regarded as significant strength. All political parties, at least declaratively, agree that the accession to the EU is a strategic aim, although no political census has so far been reached as to what should be done to accelerate it.
2. One important emerging strength comprises the growing openness of Albanian society. This openness is evident in the lively, contentious tone of political debate.
3. Albania's significant strength lies in it's strategic position. From a territorial viewpoint, the EU will not be rounded off until Albania becomes it's member, because the major transport routes run across its territory.
4. Albania has a long history of close relationships with EU countries. Joining the EU has become the strategic priority of our foreign policy; meanwhile the EU became our main partner, offering support for political and economic reforms in the country.
   A large number of Albanian citizens working in the EU member countries represent e specific link between Albania and the EU.
   The EU has become the major destination of Albania's foreign trade. Albanian trade has been reoriented toward the West. Once trading primarily with Yugoslavia and the communist bloc, Albania has undergone a significant reorientation toward trade with Western Europe: the vast majority of Albanian trade is now with the EU.
5. Albania has qualified labor force. Entrepreneurial and managerial culture is rather widespread, so that doing business according to the market principle is not regarded any more as a new system.
6. Potentials to attract FDI. It appears that WTO membership, preferential trading privileges granted by the EU combined with the progress in political stabilization as well as in the region following the Kosovo war have contributed to a more attractive investment environment in Albania. Yet, much progress remains to be done, as the country faces fiscal losses in the short-

and medium-term and must continue improving its business environment to attract even higher levels of FDI and remittances.

Specific weaknesses

1. Albania's external position is still fragile. The current account deficit was 7.5 % of GDP in 2003. Without the high levels of remittances, it would be even higher. While FDI has been growing over recent years, its level is still low, especially when compared to other SEE countries.
2. Government revenue is much lower than in any other SEE country. Fiscal sustainability is at risk because of the low tax revenue-to-GDP ratio (about 22 % of GDP, significantly lower than that of other SEE and CEE countries, which average 42 % and 38 % of GDP, respectively). Tax administration is weak. Tax collection is below targets and tax harassment is a major issue for businesses.
3. Expenditure management and prioritization remain weak. Public sector employment is high (18 % of total employment). Funding for some non-discretionary items (operations and maintenance, subsidies and transfers, and capital expenditures) is often subject to resource availability. Public expenditure management is inefficient and lacks transparency.
4. Poverty (monetary poverty and access to basic services such as water, health, education) remains pervasive. One-quarter of the Albanian population, or close to 780,000 individuals, fall below the poverty line. Unemployment remains widespread, and is especially high in urban areas.
5. Governance indicators from recent surveys show a deterioration of performance over the 1996–2002 period. They indicate: (i) a moderately reduced government effectiveness; (ii) significant reductions in regulatory quality and rule of law; (iii) a dramatic reduction in the "control of corruption"; (iv) increases in bribe magnitudes; and (v) a dramatic increase in state capture.
6. There are also structural and sectorial bottlenecks to competitiveness and growth. Albania's educational attainment—measured by average years of schooling of 8.5 years— is lower than that in most transition economies. Educational attainment is low.
7. High input costs and the poor quality of infrastructure hinder the development of trade: The export share of GDP is among the lowest for all transition economies. Despite the formal opening of Albania's trade regime, only 17 % of GDP is generated by the export of goods and services, the lowest percent in the region. Albania compares negatively with other SEE countries in terms of input and factor costs. The on-going power sector crisis, the poor water supply system and inadequate transport system represent a major constraint

to trade, foreign direct investment, tourism, growth, and the provision of social services for the poor.

8. Albania's performance in attracting FDI is still poor when compared to other SEE countries. Despite an increase over recent years, Albania still has one of the lowest levels of FDI in South East Europe.
9. Corruption also affects growth through its effects on the fiscal deficit. The negative impact of corruption on Albania's tax structure is well documented. Various studies (FIAS 2003) have shown that in addition to loss in tax collection, the more bribes are collected, the more some corrupt public officials can resort to extortion in order to collect even more.
10. Poor governance and ineffective efforts to fight corruption are major constraints to growth various indicators point to a deterioration in governance in recent years.
11. The lack of effective institutional structures, with no clear designation of individual agency responsibility and accountability. Investors often do not know exactly where to go for what, and government authorities also seem confused about who is responsible for what. For investors, this means a waste of time and unpredictability.
12. Ineffective enforcement of laws and regulations. Complaints exist in almost all areas about ineffective dispute settlement mechanisms, both within public administration and the court system. Some officials with operational power are able to abuse their power without being held accountable.
13. Insufficient skills of public officials at all levels. In general, regulatory officials seem not to trust businesses. Many appear to see themselves as policemen, not service providers. It is common perception that some abuse their position by seeking personal gain. Moreover, many authorities do not keep good records of their own performance; many cannot provide statistics on applications received, rejected, appealed, etc.
14. An important problem in Albania is its internal political stability, that is, the fact that no one political party has a majority in the Albanian Parliament.
15. Albania's economic development is at a low level. Yet the country remains one of the poorest in Europe, with a GDP per capita of USD 1,740 in 2003. Although the EU has not stated in public that one of the criteria for accession to the EU is also a specified minimum level of GDP, it is quite clear that no one country will become a full EU member unless it reaches a specified minimum level of GDP. According to the data from the Transition Report , the lowest level was recorded in Latvia, $ 3605.

Specific threats

1. Integration into the world economy through further liberalization of trade at the regional level with other SEE countries and with the EU in the context of the SAP will entail short-term costs Furthermore, Albania will suffer substantial fiscal losses in the short and medium terms because of the impact of trade liberalization arrangements under the WTO, SAA negotiations with the EU, and bilateral free trade agreements with other SEE countries.
2. Full membership in the EU poses a threat, because a larger number of producers will not be able to survive competition from other producers from the EU. Considering the current development level of the Albanian Economy it is for sure that a large number of producers will not be able to cope with the pressure from competition and can go bankrupt.
3. Pressure from monopolist firms or from the groups whose position could be endangered by this process will be evident.

A potential threat may also be posed by the demands within the EU for stiffening the accession criteria for new members. For one or another reason he criteria for the new admission can be changed.

Table 1: SWOT Analysis

Strengths	**Weaknesses**
• Most citizens support accession the EU • Increased awareness of all actors, politicians included, to the benefits of SAP • Favorable geo-strategic position • Long-time close economic and other relations with EU • Qualified labor force and entrepreneurial culture • Existence of a national EU accession strategy • Albania's macroeconomic situation is improved markedly • The growing openness of Albanian society	• Albania's external position is still fragile • Fiscal sustainability is at risk because of the low tax revenue-to-GDP ratio and low tax collection performance. • Real interest rates are still high • Expenditure management and prioritization remain weak • Poverty (monetary poverty and access to basic services such as water, health, education) remains pervasive • A moderately reduced government effectiveness • Significant reductions in regulatory quality and rule of law • Albania's performance in attracting FDI is still poor when compared to other SEE

● Remittances from Albanians living abroad have supported macroeconomic stability and stimulated economic growth ● WTO membership ● Good networking with neighboring countries ● Increased private sector capacities ● Potentials to attract FDI ● Potentials to improve technology and reach high standards	countries ● Albania's net enrollment rates for basic education are below those for the OECD ● Corruption also affects growth through its effects on the fiscal deficit. Poor governance and ineffective efforts to fight corruption ● Insufficient skills of public officials at all levels ● Poor implementation of regulations and operational guidelines ● The informal sector is very large and favors tax evasion ● The lack of effective institutional structures ● Albania's economic development is at a low level ● High input costs and the poor quality of infrastructure
Opportunities	***Threats***
● Faster economic growth and the creation of the new jobs ● Free access to the EU market ● EU's readiness to admit countries in transition from South-eastern Europe to EU membership ● Initiated process of accession, including the possibility of using EU accession funds later ● Use of the positive experiences of other countries in transition ● Gradual harmonization with the EU's regulation ● Continuous improvement of the macroeconomic indicators and economic performance ● Maintenance of macroeconomic stability	● Competitive pressure from producers from the EU market ● Pressure from monopolist firms or from the groups whose position could be endangered by this process ● Requests within the EU for the stiffening of the membership criteria ● Integration into the world economy through further liberalization of trade at the regional level with other SEE countries and with the EU will entail short-term costs ● Substantial fiscal losses in the short and medium terms

Specific opportunities

1. Accession to the EU can provide a significant impetus to accelerated economic development and the creation of new jobs. Previous experience shows that all countries which had joined the EU entered the period of a dynamic economic development after a shorter or longer time lag. In that context, the funds that Albania would obtain as an underdevelopment country would be of great significance.
2. Free access to the EU market would provide a great incentive of specified industries, such as agriculture, food processing, light industry, etc. Naturally, this poses a threat, because a larger number of producers will not be able to survive competition from other producers from the EU. On the other hand this will facilitate the transfer of technology and know-how, which represent one of the most sensitive issues of Albania's economy.
3. An opportunity is also provided by the fact the EU expressed its readiness to admit all countries in transition from South-Eastern Europe on a number of occasions and that the accession time-limit depends largely on individual countries and the results of their reforms.
4. In the process of accession it is important the fact that eight countries in transition are accepted and three more (Bulgaria, Romania and Croatia) are in the process. In our process of integration we can be based in the experience of those countries.

3. Conclusions

Albania's cumulative growth since the fall of the communist regime in1990 has been impressive and among the highest of all transition economies. Yet the country remains one of the poorest in Europe, with a GDP per capita of USD 1,740 in 2003.
Several factors explain the growth performance:

First, macroeconomic stabilization and structural reforms have provided an environment conducive to economic growth over most of the past ten years.

The second factor explaining growth performance is total factor productivity. Structural reforms were also implemented in key sectors of the Government's development strategy (education, health, and energy). This has led to the reallocation of resources from low productivity sectors like agriculture to high productivity sectors (services, construction). As a result, during the period 1993–2003, total factor productivity growth contributed 6.14 % of the annual average annual real GDP growth (6.27 %).

The third factor is the remittances from migration. Albanian growth has been fueled by remittances.

While Albania's performance has been impressive, there are concerns about the sustainability of high rates of economic growth in the future. The Government's key medium-term objectives articulated in the National Strategy for Social and Economic Development (NSSED) are to sustain growth, reduce the number of people living in poverty, improve infrastructure and build human capital.

Policies to maintain a stable macroeconomic framework:

- Continued adherence to fiscal discipline to further reduce the budget deficit will be necessary in the coming years.
- Major improvements are needed in public expenditure management. This means undertaking a comprehensive public expenditure review in order to analyze equity issues and the effectiveness of public resources

Policies to mobilize human resources:

- Increasing the quality of human capital. In the short to medium term, two policy actions are particularly important for improving quality. One is for the government to participate routinely in international assessments of learning and to publish the results. The second is a thorough and systematic revision of the curriculum, as the curriculum defines what gets taught and learned and how.
- Increasing the demand for education through least cost options. Increasing the quantity of human capital.

Policies to boost trade and integration:

- Maintaining the commitment to a liberal multilateral trade regime, and accelerating regional and European integration. Trade liberalization should proceed along all dimensions, as the biggest gains are to be realized when Albania lowers its barriers to trade with respect to all trading partners.
- Implementing the policy agenda agreed with FIAS to remove administrative barriers to investment.

Policies to improve public infrastructure like (transport sector, electricity sector and water sector)

Policies to improve governance and strengthen institutions:

- Redouble efforts to ensure managerial integrity within the public administration;
- Redouble and diversify efforts to ensure reliable, predictable and fair enforcement of the rule of law.

- Establish and nurture mechanisms that can facilitate more effective service delivery voice – i. e., mechanisms that increase the odds that citizens and firms who are the direct targets of particular regulations or public services will both know how and find it easy to pressure the state to perform its regulatory and service delivery functions more fairly and effectively.

References:

Albania: Sustaining Growth Beyond the Transition. A World Bank Country Economic Memorandum Report no. 29257-AL.
Albania, 1994: IMF Economic Review 5.
Albania, INSTAT Reports.
FIAS, 2003.
Building market institution in SEE countries.
World Bank, 2003: Albania Poverty Assessment.
World Bank: Global Economic Prospects 2004: Realizing the Promise of the Doha Agenda.
National Strategy for Economic and Social Development, Albania.

Autoren- und Herausgeberverzeichnis

Prof. Dr. Klaus Beckmann
Professur für VWL, insbesondere die Ökonomik des öffentlichen Sektors (Public Economics), an der Fakultät für Wirtschafts- und Sozialwissenschaften der Helmut-Schmidt-Universität (Universität der Bundeswehr Hamburg). Seit Juli 2009 auch Vizepräsident der HSU/UniBw.

Prof. Dr. Péter Ákos Bod
Corvinus University of Budapest and Andrássy University Budapest.

Prof. Dr. Michael Bolle
Director of the Jean Monnet Centre of Excellence for European Integration and Professor for International Economic Politics at Freie Universät Berlin.

Prof. Dr. Ellen Bos
Professorin für Politikwissenschaft an der Andrássy Universität Budapest, Leiterin des Ph.D.-Programms der Andrássy Universität.

Prof. Dr. Shkelqim Cani
Professor in the Faculty of Economics, Tirana University, Department of Economics, Albania.

Prof. Dr. Sulo Haderi
Professor in the Faculty of Economics, Tirana University, Department of Economics and Bio-Economy, Albania.

Prof. Dr. Tonin Kola
Associated Professor in the Faculty of Economics, Tirana University, Department of Economics, Albania.

Prof. Dr. Dhori Kule
Since 2008 Rector of the University of Tirana, Albania.

Prof. Dr. Vasilika Kume
Full Professor and Director of Master program in the Faculty of Economics, Tirana University, Department of Management, Albania.

Prof. Dr. Christian Müller
Seit Oktober 2008 Universitätsprofessor für Wirtschaftswissenschaften und ihre Didaktik an der Universität Münster.

Prof. Dr. Stefan Okruch
Seit 2002 Professuren für Wirtschaftspolitik an der Universität Kassel und (gegenwärtig) der deutschsprachigen Andrássy Universität Budapest.

Prof. Dr. Ingo Pies
Inhaber des Lehrstuhls für Wirtschaftsethik an der Martin-Luther-Universität Halle-Wittenberg.

Katrin Röpke
Studium der Germanistik, Philosophie und Soziologie; derzeit Studienrätin an einem Hamburger Gymnasium.

Dr. Ulrike Schenk
Studium der Volkswirtschaftslehre an der Freien Universität Berlin, Promotion am Max-Weber-Kolleg Erfurt.

SCHRIFTEN ZUR WIRTSCHAFTSTHEORIE UND WIRTSCHAFTSPOLITIK

Herausgegeben von Klaus Beckmann, Michael Berlemann, Rolf Hasse, Jörn Kruse, Franco Reither, Wolf Schäfer, Thomas Straubhaar, Klaus W. Zimmermann

Band 1 Lars Bünning: Die Konvergenzkriterien des Maastricht-Vertrages unter besonderer Berücksichtigung ihrer Konsistenz. 1997.

Band 2 Andreas Henning: Beveridge-Kurve, Lohnsetzung und Langzeitarbeitslosigkeit. Eine theoretische Untersuchung unter Berücksichtigung des Insider-Outsider-Ansatzes und der Entwertung des Humankapitals. 1997.

Band 3 Iris Henning: Die Reputation einer Zentralbank. Eine theoretische Untersuchung unter besonderer Berücksichtigung der Europäischen Zentralbank. 1997.

Band 4 Rüdiger Hermann: Ein gemeinsamer Markt für Elektrizität in Europa. Optionen einer Wettbewerbsordnung zwischen Anspruch und Wirklichkeit. 1997.

Band 5 Alexander Tiedtke: Japan und der Vorwurf des Trittbrettfahrerverhaltens in der US-amerikanisch-japanischen Allianz. 1997.

Band 6 Wolfgang Grimme: Ordnungspolitisches Konzept der Regionalpolitik. Darstellung der Defizite und des Reformbedarfs der Regionalpolitik am Beispiel Mecklenburg-Vorpommerns. 1997.

Band 7 Christian Ricken: Determinanten der Effektivität der Umweltpolitik. Der nationale Politikstil im Spannungsfeld von Ökonomie, Politik und Kultur. 1997.

Band 8 Christian Schmidt: Real Convergence in the European Union. An Empirical Analysis. 1997.

Band 9 Silvia Marengo: Exchange Rate Policy for MERCOSUR: Lessons from the European Union. 1998.

Band 10 Jens Kleinemeyer: Standardisierung zwischen Kooperation und Wettbewerb. Eine spieltheoretische Betrachtung. 1998.

Band 11 Stefan M. Golder: Migration und Arbeitsmarkt. Eine empirische Analyse der Performance von Ausländern in der Schweiz. 1999.

Band 12 Stefan Kramer: Die Wirkung einer Internationalisierung des Yen auf die japanischen Finanzmärkte, die japanische Geldpolitik und die Usancen der Fakturierung. 1999.

Band 13 Antje Marielle Gerhold: Wirtschaftliche Integration und Kooperation im asiatisch-pazifischen Raum. Die APEC. 1999.

Band 14 Tamim Achim Dawar: Deutsche Direktinvestitionen in Australien. Eine Evaluation der theoretischen Erklärungsansätze und der Standortattraktivität des Produktions- und Investitionsstandortes Australien. 1999.

Band 15 Hans-Markus Johannsen: Die ordnungspolitische Haltung Frankreichs im Prozeß der europäischen Einigung. 1999.

Band 16 Annette Schönherr: Vereinigungsbedingte Dimensionen regionaler Arbeitsmobilität. Wirkungen unter analytisch einfachen Bedingungen und potentielle individuelle Migrationsgewinne in Deutschland nach der Vereinigung. 1999.

Band 17 Henrik Müller: Wechselkurspolitik des Eurolandes. Konfliktstoff für die neue währungspolitische Ära. 1999.

Band 18 Lars H. Wengorz: Die Bedeutung von Unternehmertum und Eigentum für die Existenz von Unternehmen. Eine methodenkritische Analyse der Transformation des Wirtschaftssystems in Russland. 2000.

Band 19 Eckart Bauer: Konzeptionelle Grundfragen eines Kinderleistungsausgleichs im Rahmen einer umlagefinanzierten zwangsweisen Rentenversicherung. 2000.

Band 20 Hubertus Hille: Enlarging the European Union. A Computable General Equilibrium Assessment of Different Integration Scenarios of Central and Eastern Europe. 2001.

Band 21 Tobias Just: Globalisierung und Ideologie. Eine Analyse der Existenz und Persistenz von Partisaneffekten bei zunehmender Internationalisierung der Märkte. 2001.

Band 22 Simone Claber: Großbritannien und die Europäische Integration unter besonderer Berücksichtigung ordnungspolitischer Aspekte. 2002.

Band 23 Silvia Rottenbiller: Essential Facilities als ordnungspolitisches Problem. 2002.

Band 24 Peggy Dreyhaupt von Speicher: Die Regionen Polens, Ungarns und der Tschechischen Republik vor dem EU-Beitritt. Interregionale Disparitäten, Bestimmungsfaktoren und Lösungsansätze. 2002.

Band 25 Gerhard Rösl: Seigniorage in der EWU. Eine Analyse der Notenbankgewinnentstehung und -verwendung des Eurosystems. 2002.

Band 26 Jörn Quitzau: Die Vergabe der Fernsehrechte an der Fußball-Bundesliga. Wohlfahrtsökonomische, wettbewerbspolitische und sportökonomische Aspekte der Zentralvermarktung. 2003.

Band 27 Małgorzata Stankiewicz: Die polnische Telekommunikation vor dem EU-Beitritt. 2003.

Band 28 Sarah Schniewindt: Einführung von Wettbewerb auf der Letzten Meile. Eine ökonomische Analyse von Netzinfrastruktur und Wettbewerbspotential im Teilnehmeranschlussbereich. 2003.

Band 29 Jens Bruderhausen: Zahlungsbilanzkrisen bei begrenzter Devisenmarkteffizienz. Ein kapitalmarkttheoretischer Ansatz. 2004.

Band 30 Philip Jensch: Einkommensteuerreform oder Einkommensteuerersatz? Alternative Ansätze einer Reform der direkten Besteuerung unter besonderer Berücksichtigung steuerpraktischer Gesichtspunkte. 2004.

Band 31 Karsten J. Adamski: Mikroanalyse eines Grundrentenkonzeptes der Alterssicherung. Eine empirische Studie zur Wirkung einer Grundrente auf Basis des Sozioökonomischen Panels. 2004.

Band 32 Sven Schulze: Anreizwirkungen und Arbeitsmarkteffekte der Ausgestaltung einer Arbeitslosenversicherung. 2004.

Band 33 Alkis Henri Otto: Makroökonomische Effekte der Direktinvestitionen. 2005.

Band 34 Stefan Hardege: Informationstechnologische Entwicklung und der Schutz von Verfügungsrechten für Informationsgüter. Eine ökonomische Analyse zur Ausgestaltung des Urheberrechts. 2006.

Band 35 Christoph Kimmel: Vermögenspreisinflation als wirtschaftspolitische Herausforderung. 2008.

Band 36 Axel Czaya: Das Europäische Normungssystem aus der Perspektive der Neuen Institutionenökonomik. 2008.

Band 37 Jana Brandstätter: International divergierende demographische Entwicklungen und internationale Kapitalbewegungen. 2008.

Band 38 Annette Olbrisch: Die Zinsmarge und ihre Determinanten. Eine theoretische und empirische Analyse unter besonderer Berücksichtigung von Protektion im Bankensektor. 2009.

Band 39 Hien Phuc Nguyen: National Competitiveness of Vietnam: Determinants, Emerging Key Issues and Recommendations. 2009.

Band 40 Heiko Geruschkat: Zur Ökonomie politischer Systeme. 2010.

Band 41 Reto Schemm-Gregory: Europa als ein Club voller Clubs. Eine clubtheoretische Betrachtung des politischen Systems der Europäischen Union. 2010.

Band 42 Cordula Wandel: Industry Agglomerations and Regional Development in Hungary. Economic Processes during European Integration. 2010.

Band 43 Klaus Beckmann / Christian Müller / Katrin Röpke (Hrsg./eds.): Politikberatung für Marktwirtschaft in Transformationsstaaten: Grundlagen, Visionen und Anwendungen. Policy Advice on the Social Market Economy for Transformation Economies: Principles Vision, and Applications. 2010.

www.peterlang.de